Impressum
Verlag: BABADADA GmbH, Nedderfeld 112 , 22529 Hamburg
Geschäftsführer / Verlagsleitung: Harald Hof
Druck: Books on Demand GmbH, In de Tarpen 42, 22848 Norderstedt

Imprint
Publisher: BABADADA GmbH, Nedderfeld 112 , 22529 Hamburg, Germany
Managing Director / Publishing direction: Harald Hof
Print: Books on Demand GmbH, In de Tarpen 42, 22848 Norderstedt

# mokykla
# shule

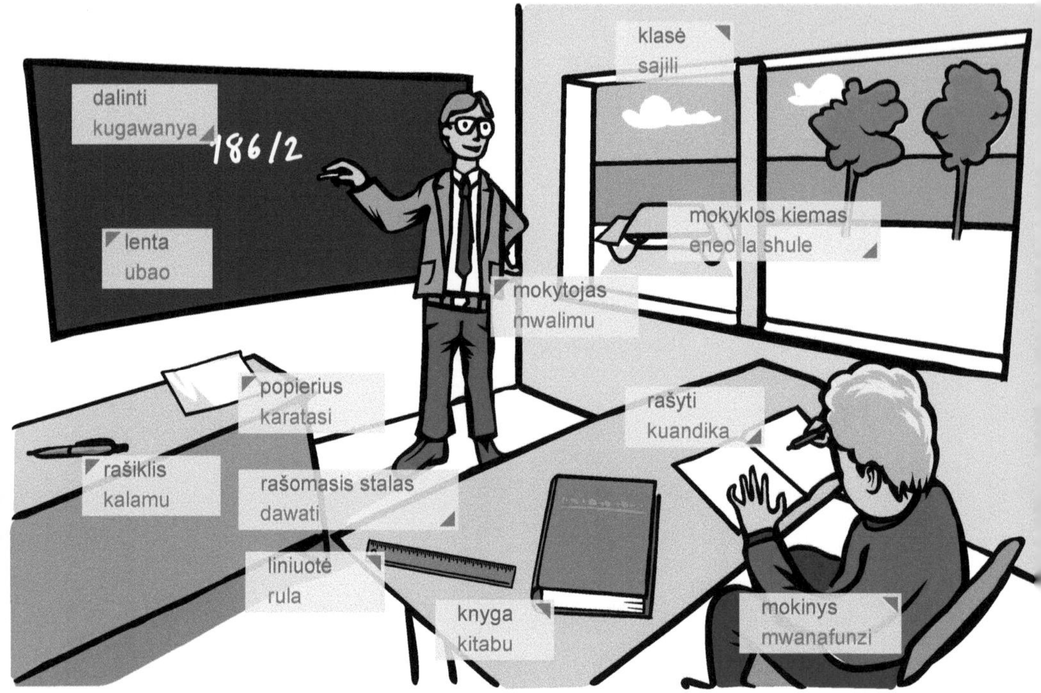

klasė
sajili
dalinti
kugawanya
186/2
lenta
ubao
mokyklos kiemas
eneo la shule
mokytojas
mwalimu
popierius
karatasi
rašyti
kuandika
rašiklis
kalamu
rašomasis stalas
dawati
liniuotė
rula
knyga
kitabu
mokinys
mwanafunzi


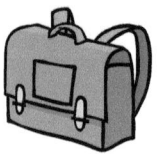

kuprinė

mkoba

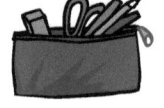

penalas

kikasha cha penseli

pieštukas

penseli

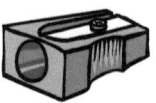

drožtukas

kichonga penseli

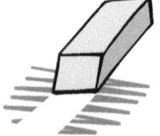

trintukas

mpira

piešimo bloknotas

pedi ya kuchora

piešinys

uchoraji

teptukas

brashi ya rangi

dažų dėžutė

sanduku la rangi

žirklės

mkasi

klijai

gundi

vadovėlis

daftari

namų darbai

kazi ya nyumbani

numeris

nambari

pridėti

jumlisha

atimti

ondoa

dauginti

zidisha

skaičiuoti

kokotoa

raidė

barua

abėcėlė

alfabeti

hello

žodis

neno

tekstas

maandishi

skaityti

kusoma

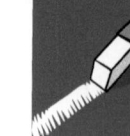

kreida

chaki

pamoka

somo

dienynas

sajili

egzaminas

uchunguzi

pažymėjimas

cheti

mokyklinė uniforma

sare za shule

išsilavinimas

elimu

enciklopedija

elezo

universitetas

chuo kikuu

mikroskopas

darubini

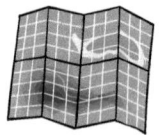

žemėlapis

ramani

šiukšliadėžė

kikapu cha kuweka karatasi chafu

# kelionė
# usafiri

viešbutis
hoteli
svečių namai
hosteli
ROOMS
CHANGE
valiutos keitykla
ofisi ya ubadilishanaji
lagaminas
sanduku
mašina
gari

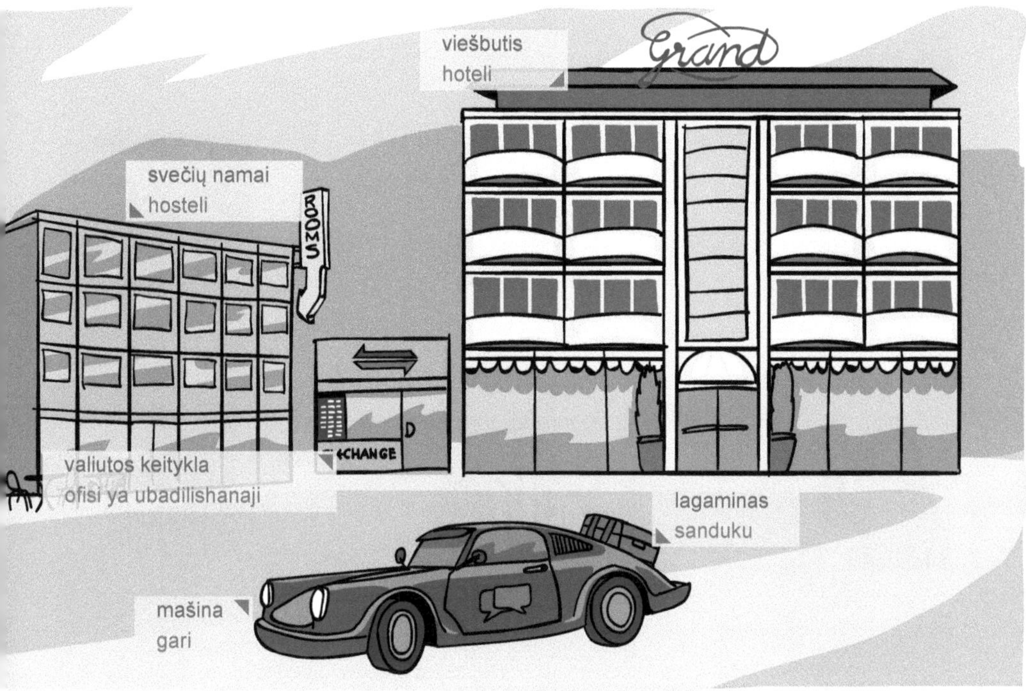

kalba
lugha

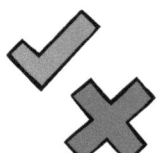

taip / ne
ndiyo / la

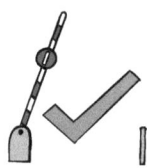

Gerai
sawa

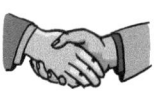

sveiki
hujambo

vertėjas raštu
mtafsiri

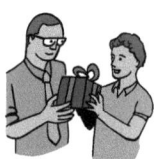

Ačiū
Asante

kiek kainuoja...?

kiasi gani ni ...?

aš nesuprantu

Sielewi

problema

tatizo

Labas vakaras!

Jioni njema!

Labas rytas!

Habari za asubuhi!

Labos nakties!

Usiku mwema!

viso gero

kwa heri

kryptis

mwelekeo

bagažas

mizigo

krepšys

mfuko

kuprinė

shanta

svečias

mgeni

kambarys

chumba

miegmaišis

begi la kulalia

palapinė

hema

turizmo informacija
taarifa ya utalii

paplūdimys
ufuo

kreditinė kortelė
kadi

pusryčiai
kifunguakinywa

pietūs
chakula cha mchana

vakarienė
chakula cha jioni

bilietas
tiketi

liftas
kuinua

pašto ženklas
muhuri

siena
mpaka

muitinė
mila

ambasada
ubalozi

viza
visa

pasas
pasipoti

# transportas
# usafiri

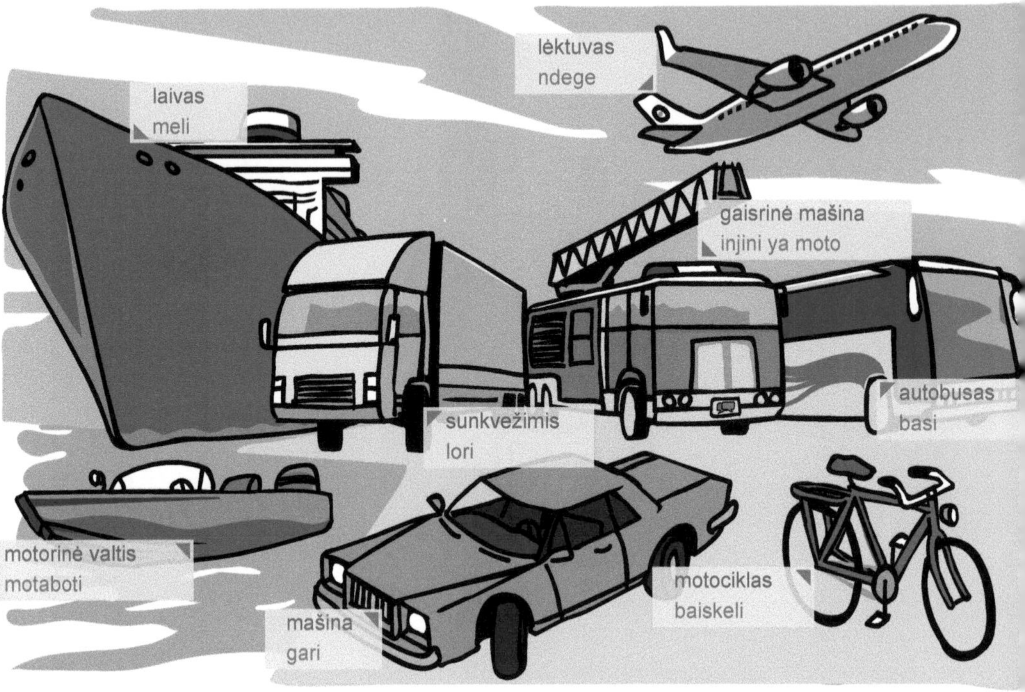
lėktuvas
ndege
laivas
meli
gaisrinė mašina
injini ya moto
autobusas
basi
sunkvežimis
lori
motorinė valtis
motaboti
motociklas
baiskeli
mašina
gari

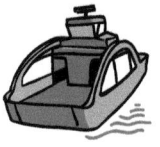

keltas

feri

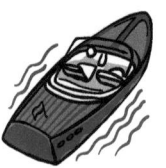

valtis

mashua

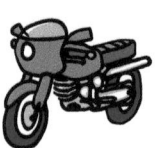

mopedas

pikipiki

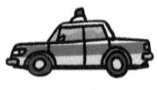

policijos automobilis

gari la polisi

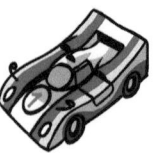

lenktyninis automobilis

gari la mashindano

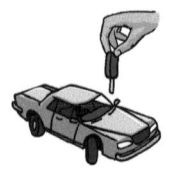

nuomojamas automobilis

gari la kukodisha

bendras automobilio
naudojimas
........
kushiriki gari

techninės pagalbos
automobilis
........
lori la kuvuta

šiukšliavežė
........
ukusanyaji taka

variklis
........
motor

degalai
........
mafuta

degalinė
........
kituo cha mafuta

kelio ženklas
........
ishara trafiki

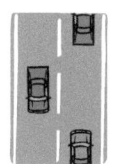

eismas
........
trafiki

eismo spūstis
........
msongamano

mašinų stovėjimo aikštelė
........
maegesho

traukinių stotis
........
kituo cha treni

bėgiai
........
reli

traukinys
........
garimoshi

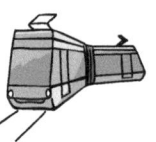

tramvajus
........
tremu

vagonas
........
gari la mizigo

sraigtasparnis

helikopta

oro uostas

uwanja wa ndege

bokštas

mnara

keleivis

abiria

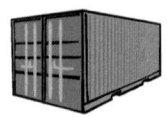

konteineris

chombo

dėžė

katoni

vežimėlis

mkokoteni

krepšys

kikapu

pakilti / nusileisti

ondoka

## miestas

## jiji

kaimas

kijiji

miesto centras

katikati ya jiji

namas

nyumba

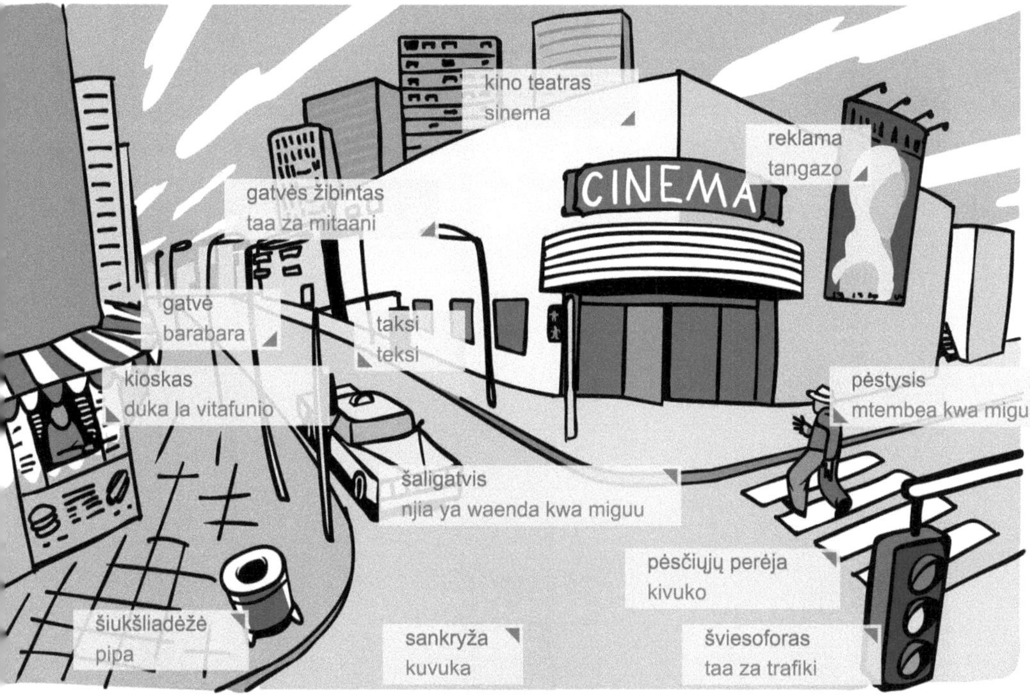

kino teatras
sinema

reklama
tangazo

gatvės žibintas
taa za mitaani

gatvė
barabara

taksi
teksi

kioskas
duka la vitafunio

pėstysis
mtembea kwa miguu

šaligatvis
njia ya waenda kwa miguu

pėsčiųjų perėja
kivuko

šiukšliadėžė
pipa

sankryža
kuvuka

šviesoforas
taa za trafiki

trobelė
kibanda

butas
gorofa

traukinių stotis
kituo cha treni

rotušė
ukumbi wa mji

muziejus
Makavazi

mokykla
shule

universitetas

chuo kikuu

bankas

benki

ligoninė

hospitali

viešbutis

hoteli

vaistinė

duka la dawa

biuras

ofisi

knygynas

duka la kitabu

parduotuvė

duka

gėlių parduotuvė

duka la maua

prekybos centras

dukakuu

turgus

soko

universalinė parduotuvė

idara ya kuhifadhi

žuvies parduotuvė

mwuza samaki

prekybos centras

kituo cha ununuzi

uostas

bandari

parkas
Hifadhi

suoliukas
benki

tiltas
daraja

laiptai
vidato

metro
chini ya ardhi

tunelis
handaki

autobusų stotelė
kituo cha mabasi

baras
bar

restoranas
mgahawa

lauko pašto dėžutė
sanduku la posta

kelio ženklas
ishara ya barabara

parkomatas
mita ya maegesho

zoologijos sodas
bustani ya wanyama

baseinas
kidimbwi cha kuogelea

mečetė
msikiti

ūkininko ūkis

shamba

tarša

uchafuzi

kapinės

makaburini

bažnyčia

kanisa

žaidimų aikštelė

uwanja wa michezo

šventykla

hekalu

# kraštovaizdis
## mazingira

lapas
jani

kelio rodyklė
ishara ya mwelekeo

kelias
njia

pieva
malisho

akmuo
jiwe

ėjikas
mtembeaji wa masafa

medis
mti

upė
mto

žolė
nyasi

gėlė
ua

slėnis

bonde

kalva

kilima

ežeras

ziwa

miškas

msitu

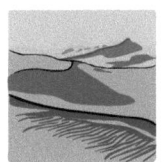

dykuma

jangwa

ugnikalnis

volkano

pilis

ngome

vaivorykštė

upinde wa mvua

grybas

uyoga

palmė

mtende

uodas

mbu

musė

kuruka

skruzdėlė

chungu

bitė

nyuki

voras

buibui

vabalas

mende

varlė

chura

voverė

kuchakuro

ežys

nungunungu

kiškis

sungura

pelėda

bundi

paukštis

ndege

gulbė

swan

šernas

nguruwe mwitu

elnias

kulungu

briedis

aina ya kongoni

užtvanka

bwawa

vėjo jėgainė

tabo ya upepo

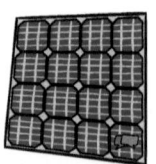

saulės baterija

nishaji ya jua

klimatas

hali ya hewa

# restoranas
# mgahawa

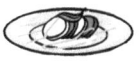

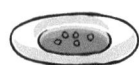

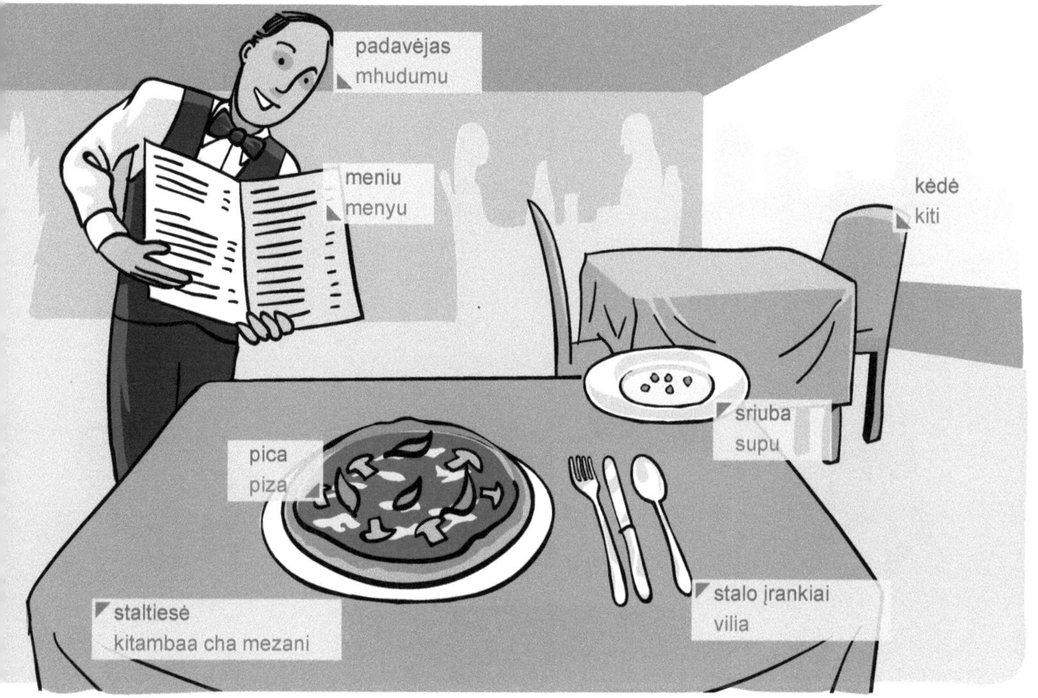
padavėjas
mhudumu
meniu
menyu
kėdė
kiti
sriuba
supu
pica
piza
staltiesė
kitambaa cha mezani
stalo įrankiai
vilia

užkandis

kiamsha hamu

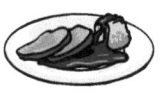

pagrindinis patiekalas

kozi kuu

desertas

kitindamlo

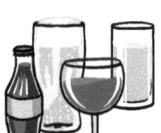

gėrimai

vinywaji

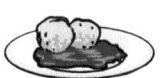

maistas

chakula

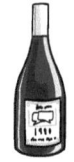

butelis

chupa

greitai pateikiamas maistas

...................

chakula cha haraka

gatvės maistas

Streetfood

arbatinukas

buli

cukrinė

...................

kisanduku cha sukari

porcija

...................

sehemu

espreso aparatas

...................

mashine ya espresso

aukšta kėdė

...................

kiti kirefu

sąskaita

...................

muswada

padėklas

...................

trei

peilis

...................

kisu

šakutė

...................

uma

šaukštas

...................

kijiko

arbatinis šaukštelis

...................

kijiko cha chai

servetėlė

...................

nepi

stiklinė

...................

glasi

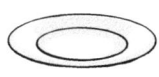

lėkštė
........
sahani

sriubos lėkštė
........
sahani ya supu

padėklas
........
sufuria

padažas
........
mchuzi

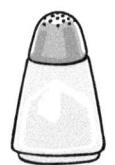

druskinė
........
kichanyaji chumvi

pipirų malūnėlis
........
kinu cha pilipili

actas
........
siki

aliejus
........
mafuta

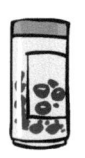

prieskoniai
........
viungo

kečupas
........
kechapu

garstyčios
........
haradali

majonezas
........
kachumbari nzito

# prekybos centras

## dukakuu

specialus pasiūlymas
ofa maalum
FOR
pirkėjas
mteja
pieno produktai
maziwa
vaisiai
matunda
troleibusas
toroli


BUTCHERS


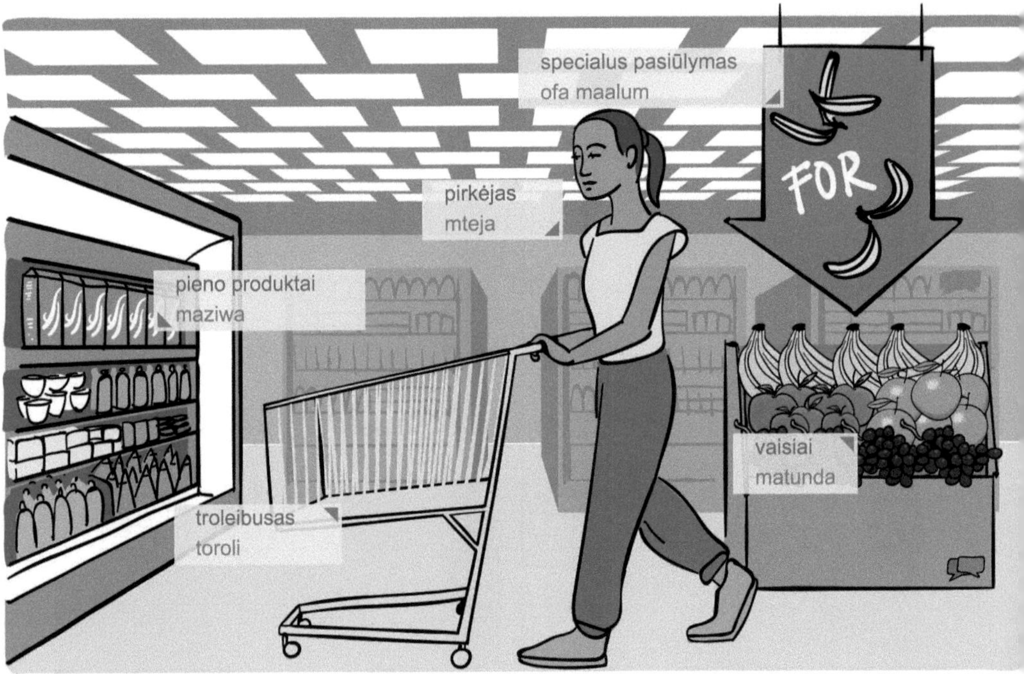

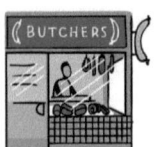

mėsos parduotuvė

mchinjaji

BAKERY


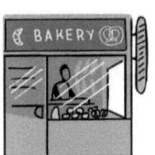

kepykla

mwokaji

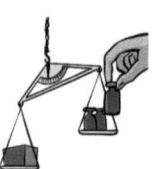

sverti

uzito

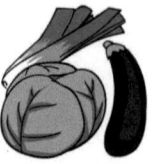

daržovės

mboga

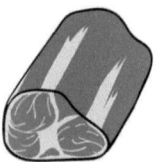

mėsa

nyama

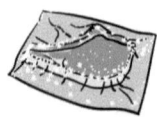

šaldytas maistas

chakula waliohifadhiwa

šalti mėsos užkandžiai

vipande vya nyama baridi

konservai

chakula cha kopo

skalbimo milteliai

sabuni ya unga

saldumynai

pipi

ūkinės prekės

bidhaa za kaya

valymo priemonės

bidhaa za kusafisha

pardavėja

mtu mauzo

kasos aparatas

mpaka

kasininkas

keshia

pirkinių sąrašas

orodha ya manunuzi

darbo valandos

masaa ya ufunguzi

piniginė

mkoba

kreditinė kortelė

kadi

maišelis

mfuko

plastikinis maišelis

mfuko wa plastiki

vanduo

maji

sultys

sharubati

pienas

maziwa

kola

coke

vynas

mvinyo

alus

bia

alkoholis

pombe

kakava

kakao

arbata

chai

kava

kahawa

espresas

spreso

kapučinas

kapuchino

bananas
ndizi

obuolys
tufaha

apelsinas
machungwa

arbūzas
tikiti

citrina
lemon

morka
karoti

česnakas
kitunguu saumu

bambukas
mianzi

svogūnas
kitunguu

grybas
uyoga

riešutai
karanga

makaronai
nudo

spagečiai

spageti

ryžiai

mpunga

salotos

saladi

traškučiai

vibanzi

keptos bulvės

viazi vya kukaanga

pica

piza

mėsainis

hambaga

sumuštinis

sandwichi

pjausnys

kipande

kumpis

paja la mnyama

saliamis

salami

dešrelė

soseji

vištiena

kuku

kepsnys

choma

žuvis

samaki

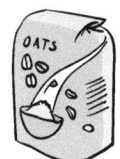

avižų dribsniai

oats ya uji

dribsniai su priedais

muesli

kukurūzų dribsniai

cornflakes

miltai

unga

prancūziškasis ragelis

kroisanti

bandelė

andazi

duona

mkate

skrebutis

mkate wa kubanika

sausainiai

biskuti

sviestas

siagi

varškė

maziwa mgando

tortas

keki

kiaušinis

yai

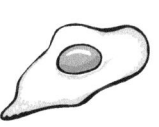

kiaušinienė

yai kukaanga

sūris

jibini

ledai

aiskrimu

cukrus

sukari

medus

asali

uogienė

jemu

tepamas šokoladas

kuenea kwa chokoleti

karis

mchuzi wa viungo

maistas - chakula

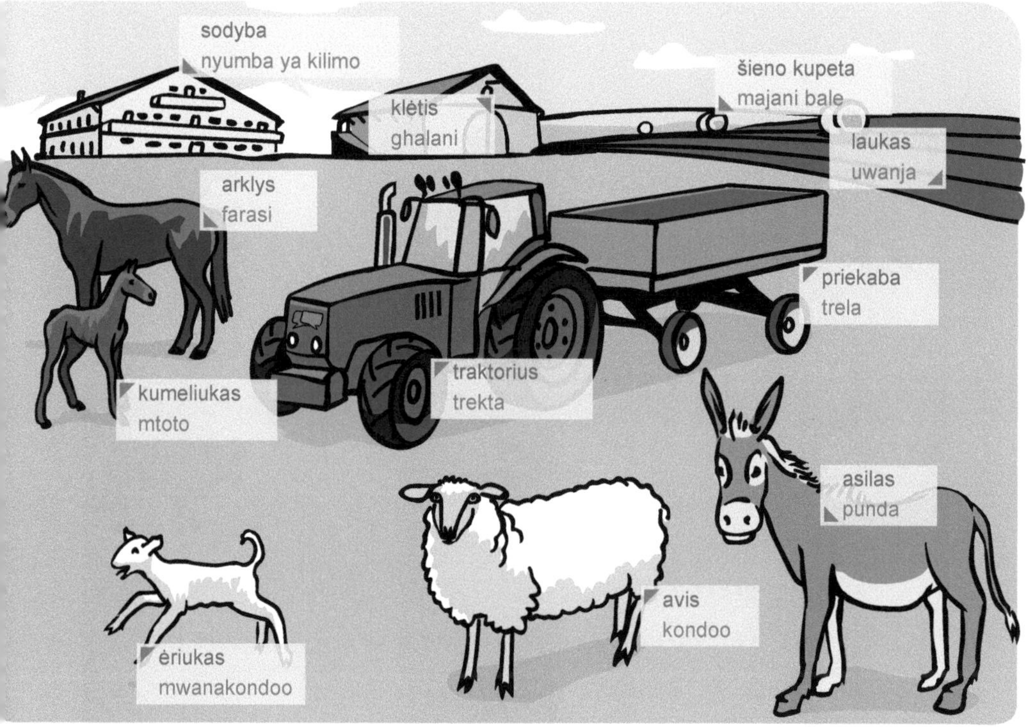

sodyba
nyumba ya kilimo

šieno kupeta
majani bale

klėtis
ghalani

laukas
uwanja

arklys
farasi

priekaba
trela

traktorius
trekta

kumeliukas
mtoto

asilas
punda

avis
kondoo

ėriukas
mwanakondoo

ožys

mbuzi

karvė

ng'ombe

veršis

ndama

kiaulė

nguruwe

paršelis

mwananguruwe

bulius

fahali

žąsis
batabukini

antis
bata

viščiukas
kifaranga

višta
kuku

gaidys
jogoo

žiurkė
panya

katė
paka

pelė
panya

jautis
ng'ombe

šuo
mbwa

šuns būda
nyumba ya mbwa

sodo namas
bomba la bustani

laistytuvas
debe la kumwagilia maji

dalgis
fyekeo

plūgas
kulima

pjautuvas

mundu

kauptukas

jembe

šakės

uma wa nyasi

kirvis

shoka

statinė

toroli

lovys

kupitia nyimbo

bidonas

chombo cha maziwa

maišas

gunia

tvora

ua

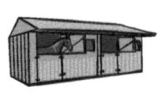

arklidė

imara

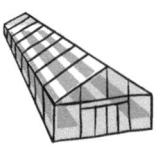

šiltnamis

chafu

dirva

udongo

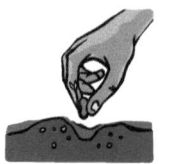

sėkla

mbegu

trąšos

mbolea

kombainas

kivunaji

rinkti

mavuno

derlius

mavuno

saldžiosios bulvės

viazi vikuu

kviečiai

ngano

soja

soya

bulvė

viazi

kukurūzai

mahindi

rapsai

rapa

vaismedis

mti wa matunda

manijokas

muhogo

grūdai

nafaka

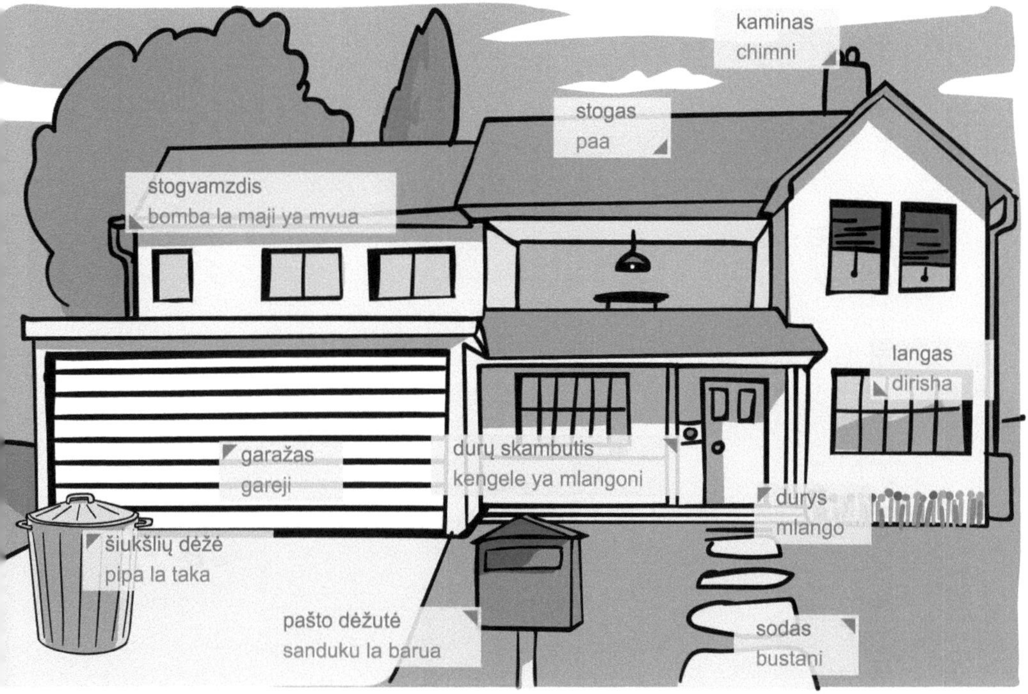

kaminas
chimni

stogas
paa

stogvamzdis
bomba la maji ya mvua

langas
dirisha

garažas
gareji

durų skambutis
kengele ya mlangoni

durys
mlango

šiukšlių dėžė
pipa la taka

pašto dėžutė
sanduku la barua

sodas
bustani

svetainė
sebuleni

vonios kambarys
bafu

virtuvė
jikoni

miegamasis
chumba cha kulala

vaiko kambarys
chumba ya mtoto

valgomasis
chumba cha kulia

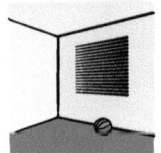

grindys

sakafu

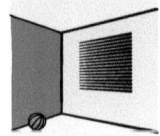

siena

ukuta

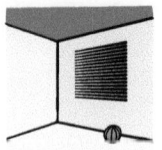

lubos

dari

rūsys

pishi

sauna

sauna

balkonas

roshani

terasa

mtaro

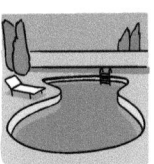

baseinas

kidimbwi

žoliapjovė

mashine ya kukata nyasi

paklodė

karatasi

lovatiesė

kitambaa cha kupamba
kitanda

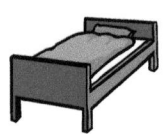

lova

kitanda

šluota

ufagio

kibiras

ndoo

jungiklis

kubadili

# svetainė
# sebuleni

tapetai
mandhari
nuotrauka
picha
šviestuvas
taa
lentyna
rafu
spintelė
kabati
televizorius
televisheni/runinga
židinys
mekoni
gėlė
ua
pagalvėlė
mto
sofa
sofa
vaza
chombo cha maua
nuotolinio valdymo pultelis
kitenzambali


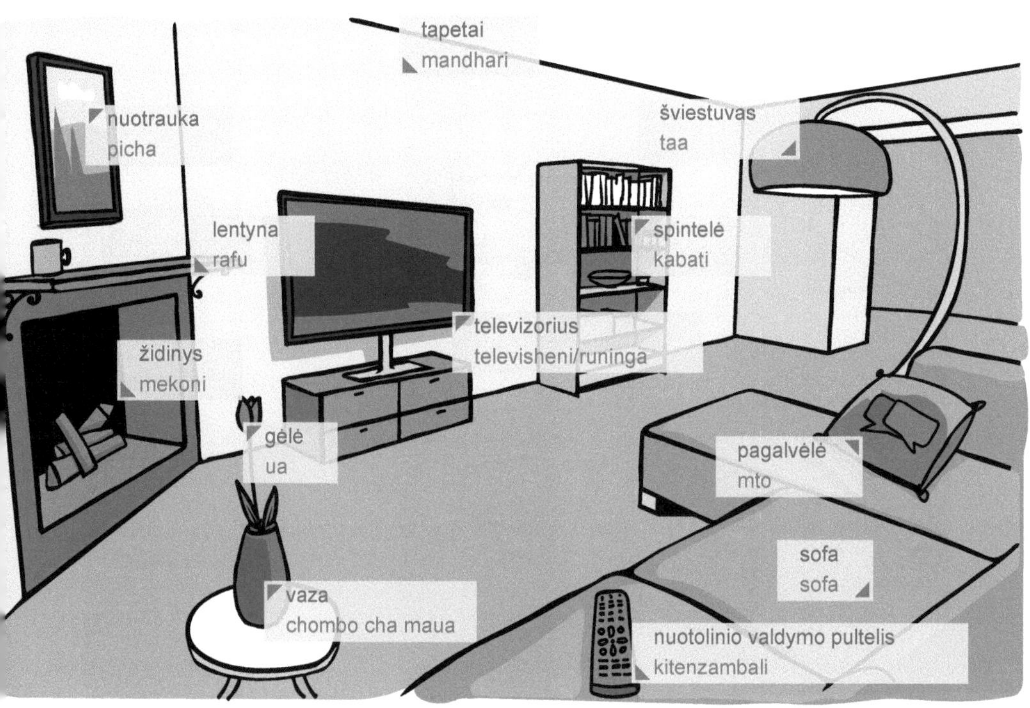

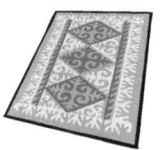

kilimas

zulia

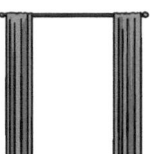

užuolaida

pazia

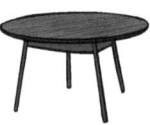

stalas

meza

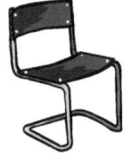

kėdė

kiti

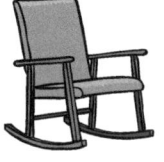

supamasis krėslas

kiti cha bembea

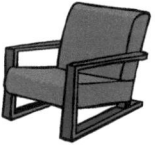

fotelis

armchair

knyga
kitabu

antklodė
blanketi

papuošimai
mapambo

malkos
kuni

filmas
filamu

stereo aparatūra
kifaa cha hi-fi

raktas
ufunguo

laikraštis
gazeti

paveikslas
uchoraji

plakatas
bango

radijas
redio

užrašų knygelė
daftari

dulkių siurblys
kifyonza

kaktusas
dungusi kakati

žvakė
mshumaa

# virtuvė
# jikoni

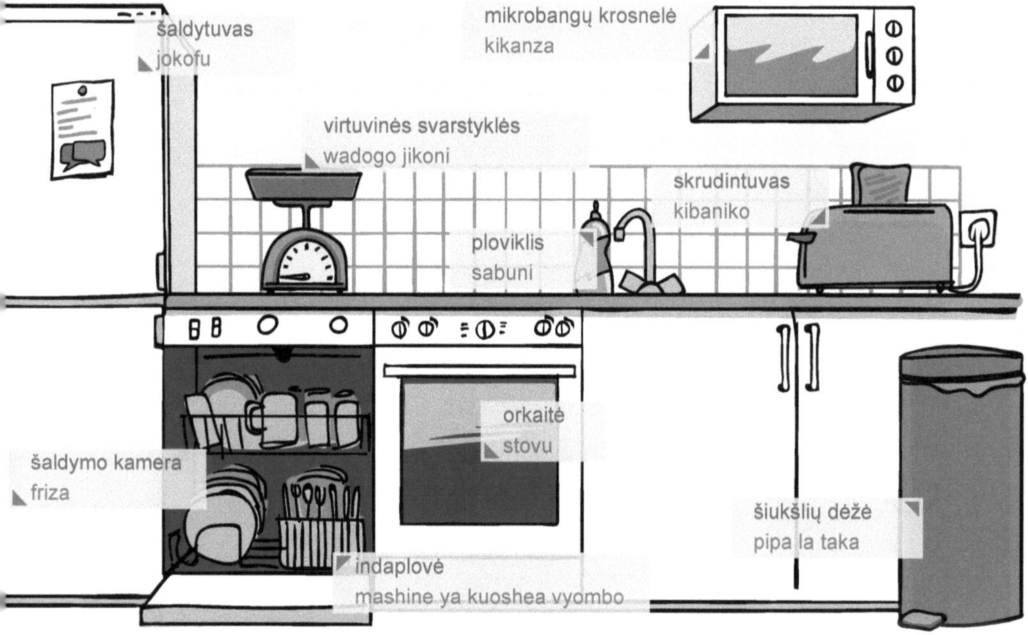
šaldytuvas
jokofu
mikrobangų krosnelė
kikanza
virtuvinės svarstyklės
wadogo jikoni
skrudintuvas
kibaniko
ploviklis
sabuni
orkaitė
stovu
šaldymo kamera
friza
šiukšlių dėžė
pipa la taka
indaplovė
mashine ya kuoshea vyombo

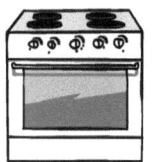

viryklė

jiko la kupika

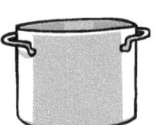

puodas

chungu

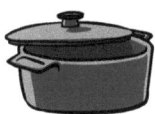

ketaus puodas

sufuria ya chuma

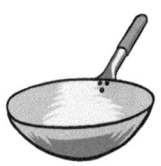

„wok“ keptuvė

wok / kadai

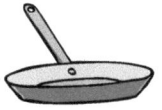

keptuvė

kaango

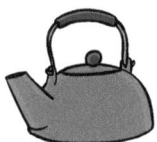

virdulys

birika

garų puodas

stima

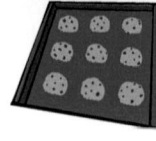

kepimo skarda

sinia ya kuoka

porceliano indai

vyombo vya udongo

puodelis

kombe

dubuo

bakuli

valgomosios lazdelės

vijiti vya kulia

samtis

ukawa

mentelė

mwiko mpana

plaktuvas

burashi

koštuvas

kichujio

sietas

chujio

trintuvė

mbuzi

grūstuvė

chokaa

kepsninė

barbeque

atvira liepsna

moto wazi

**pjaustymo lentelė**

ubao wa majaribio

**kočėlas**

kijiti cha kusukuma unga

**kamščiatraukis**

kizibuo

**skardinė**

kopo

**skardinių atidarytuvas**

inaweza kopo

**puodkėlė**

kishikio cha chungu

**kriauklė**

karo

**šepetys**

brashi

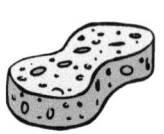

**kempinė**

sifongo

**trintuvas**

kisagaji matunda

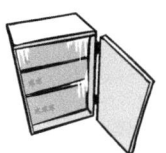

**šaldiklis**

friji ya kina

**kūdikių buteliukas**

chupa ya mtoto

**čiaupas**

bomba

# vonios kambarys

## bafu

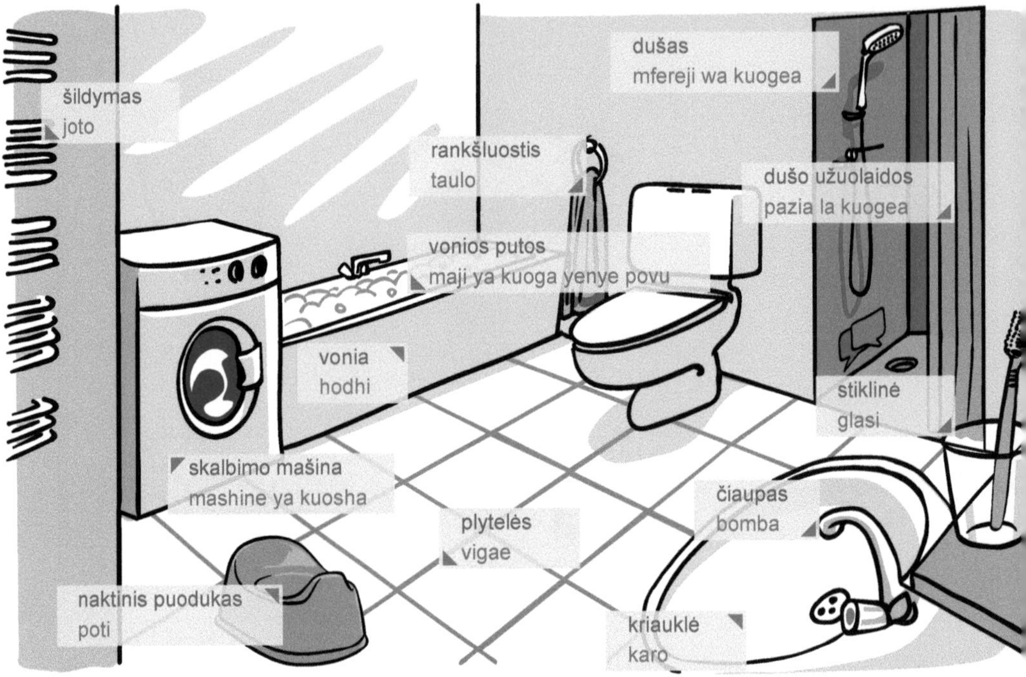
dušas
mfereji wa kuogea
šildymas
joto
rankšluostis
taulo
dušo užuolaidos
pazia la kuogea
vonios putos
maji ya kuoga yenye povu
vonia
hodhi
stiklinė
glasi
skalbimo mašina
mashine ya kuosha
čiaupas
bomba
plytelės
vigae
naktinis puodukas
poti
kriauklė
karo

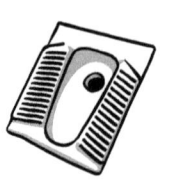

unitazas

choo

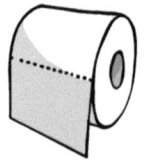

tupimasis unitazas

choo cha squat

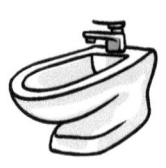

bidė

beseni la mviringo

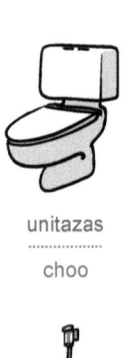

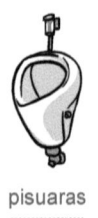

pisuaras

choo cha umma

tualetinis popierius

shashi

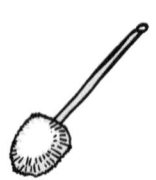

unitazo šepetys

brashi ya choo

**dantų šepetėlis**

mswaki

**dantų pasta**

dawa ya meno

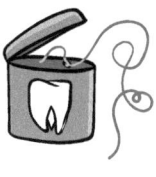

**dantų siūlas**

dawa ya meno

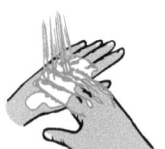

**plauti**

safisha

**dušo galvutė**

kuoga mkono

**higieninis dušas**

msukumo wa maji

**praustuvas**

bonde

**nugaros plaušinė**

mpako wa pili

**muilas**

sabuni

**dušo želė**

jeli ya kuogea

**šampūnas**

shampuu

**plaušinė**

flana

**kanalizacija**

toa maji

**kremas**

krimu

**dezodorantas**

kiondoa harufu

veidrodis

kioo

veidrodėlis

kioo mkono

skustuvas

kinyozi

skutimosi putos

povu la kunyoa

losjonas po skutimosi

baada ya kunyoa

šukos

kichana

šepetys

brashi

plaukų džiovintuvas

kikausha nywele

plaukų lakas

marashi ya nyewele

makiažas

vipodozi

lūpdažis

kidomwa

nagų lakas

varnish ya msumari

vata

pamba

žirklutės nagams

mkasi wa kucha

kvepalai

manukato

maišelis skalbiniams

mkoba wa kuosha

taburetė

kinyesi

svarstyklės

mizani

chalatas

nguo ya kuoga

guminės pirštinės

glavu za mpira

tamponas

kisodo

higieninis įklotas

sodo

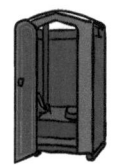

biotualetas

kemikali choo

# vaiko kambarys
# chumba ya mtoto

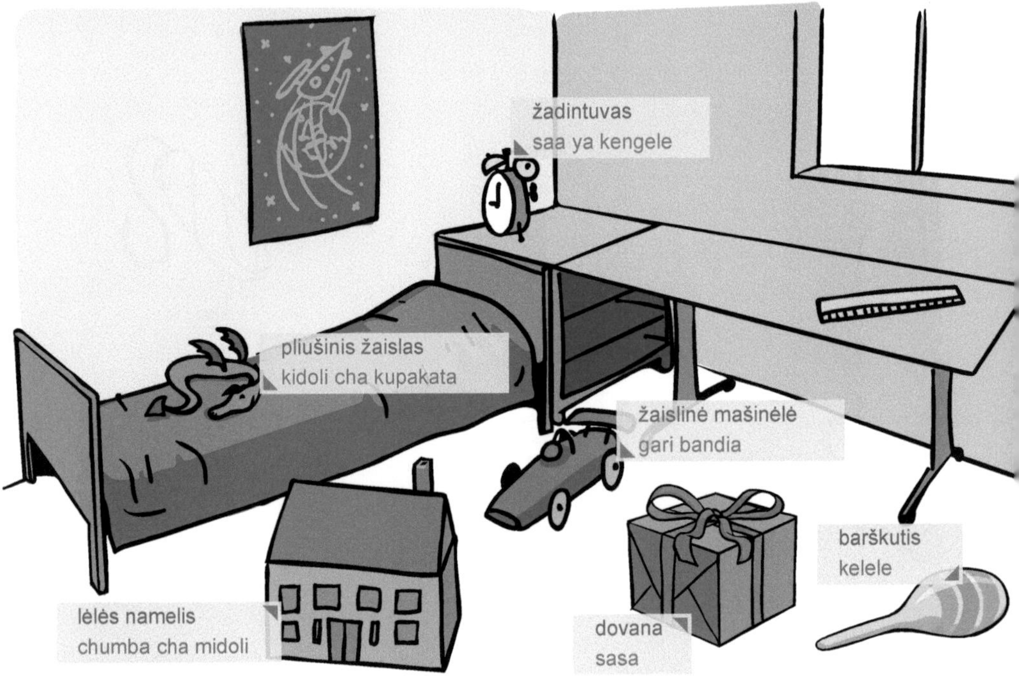

žadintuvas
saa ya kengele
pliušinis žaislas
kidoli cha kupakata
žaislinė mašinėlė
gari bandia
barškutis
kelele
lėlės namelis
chumba cha midoli
dovana
sasa


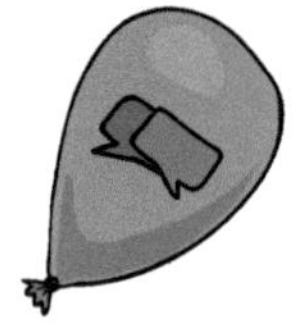

balionas

baluni

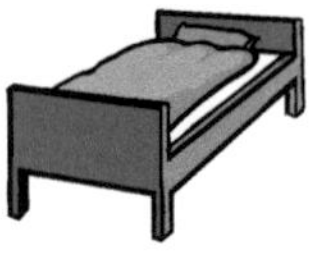

lova

kitanda

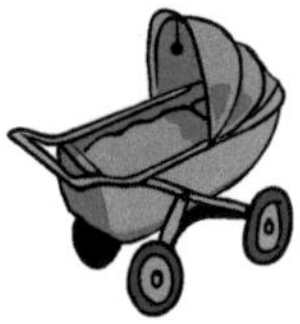

vaikiškas vežimėlis

mashua

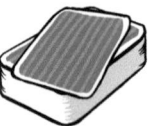

kortų malka

staha ya kadi

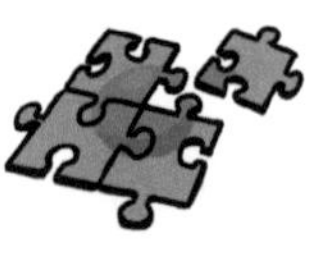

delionė

mchezo-fumb

SUPER MEGA


komiksai

vichekesho

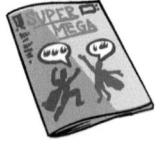

lego kaladėlės

matofali lego

žaislinės kaladėlės

vitalu mwigo

figūrėlė

hatua takwimu

šliaužtinukai

suti ya kulalia

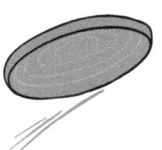

mėtymo lėkštė

kisahani

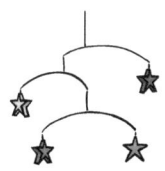

karuselė

simu

stalo žaidimas

ubao wa michezo

kauliukai

kete

žaislinis traukinys

garimoshi mwigo

žindukas

dummy

vakarėlis

chama

paveiksliukų knygelė

picha kitabu

kamuolys

mpira

lėlė

kikaragosi

žaisti

kucheza

smėlio dėžė

shimo la mchanga

sūpynės

bembea

žaislai

vitu bandia

žaidimų konsolė

kiweko cha video ya mchezo

triratukas

baiskeli ya magurudumu

matatu

meškiukas

mwanasesere

drabužių spinta

kabati

## drabužis

## nguo

kojinės

soksi

kojinės virš kelių

stokingi

pėdkelnės

kibano

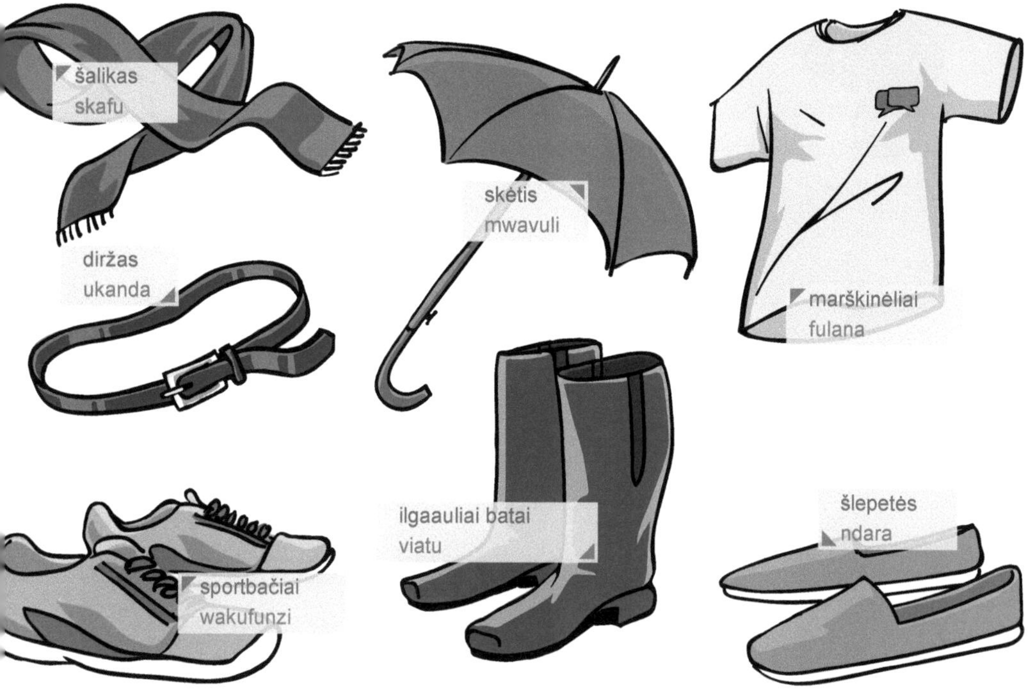

šalikas
skafu

skėtis
mwavuli

marškinėliai
fulana

diržas
ukanda

ilgaauliai batai
viatu

šlepetės
ndara

sportbačiai
wakufunzi

sandalai
................
malapa

batai
................
viatu

guminiai batai
................
mabuti ya mpira

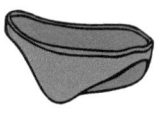

trumpikės
................
suruali ya ndani

liemenėlė
................
sidiria

liemenė
................
fulana

glaustinukė

mwili

kelnės

suruali

džinsai

dangirizi

sijonas

sketi

palaidinė

blauzi

marškiniai

shati

megztinis

vuta

megztinis su gobtuvu

sweta

švarkelis

bleza

švarkas

jaketi

paltas

koti

lietpaltis

koti la mvua

kostiumas

maleba

suknelė

gauni

vestuvinė suknelė

mavazi ya harusi

kostiumas

suti

naktiniai maršķiniai

vazi la usiku

pižama

pajama

saris

sari

skarelė

skafu

tiurbanas

kilemba

burka

burka

kaftanas

kaftan

abaja

abaya

maudymosi kostiumėlis

vazi la kuogelea

glaudės

vazi la kiume la kuogelea

šortai

kaptura

sportinis kostiumas

teitei

prijuostė

aproni

pirštinės

glavu

drabužis - nguo

saga

kifungo

akiniai

glasi

apyrankė

bangili

vėrinys

mkufu

žiedas

pete

auskaras

herini

kepurė

kofia

pakabas

kiango cha koti

skrybėlė

kofia

kaklaraištis

tai

užtrauktukas

zipu

šalmas

kofia

breketai

kanda za suruali

mokyklinė uniforma

sare za shule

uniforma

sare

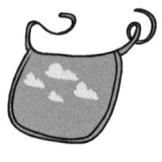

seilinukas

bibu

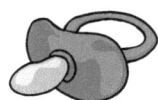

žindukas

dummy

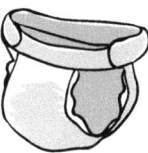

vystyklai

nepi

# biuras
## ofisi

serveris
seva
dokumentų spinta
kabati la kuweka faili
popierius
karatasi
spausdintuvas
kichapishaji
vaizduoklis
kiwambo
rašomasis stalas
dawati
pelė
kipanya
aplankas
folda
klaviatūra
kibodi
iadėžė
u cha kuweka karatasi chafu
kėdė
kiti
kompiuteris
kompyuta

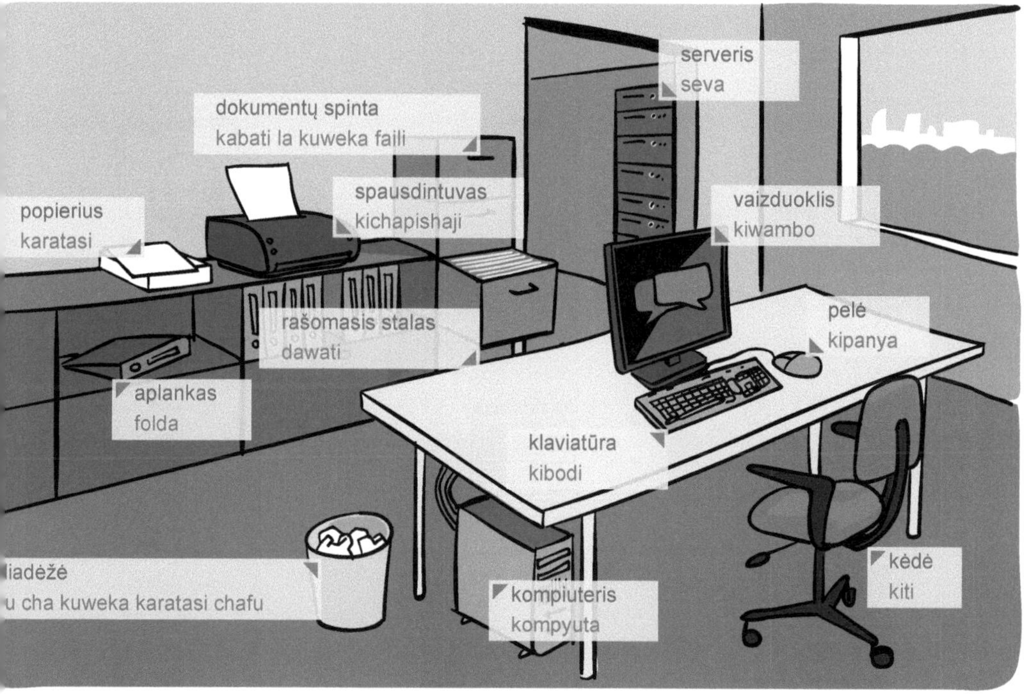

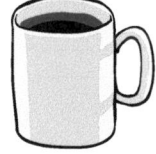

kavos puodelis

kmobe la kahawa

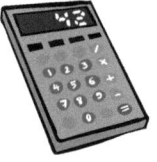

kalkuliatorius

kikokotoo

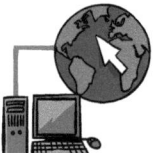

internetas

biashara

nešiojamasis kompiuteris

mbali

laiškas

barua

žinutė

ujumbe

mobilusis telefonas

rununu

tinklas

intaneti

fotokopijavimo aparatas

fotokopia

programinė įranga

programu

telefonas

simu

kištukinis lizdas

soketi

faksas

kipepesi

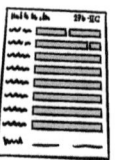

forma

fomu

dokumentas

hati

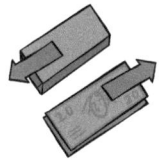

pirkti
kununua

mokėti
kulipa

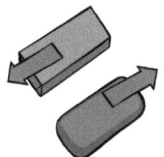

prekiauti
biashara

pinigai
fedha

doleris
dola

euras
yuro

jena
yeni

rublis
rouble

Šveicarijos frankas
faranga ya Uswisi

juanis
renminbi yuan

rupija
rupia

bankomatas
eneo la kulipia

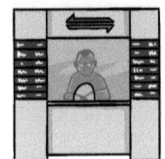

valiutos keitykla

ofisi ya ubadilishanaji

auksas

dhahabu

sidabras

fedha

nafta

mafuta

energija

nishati

kaina

bei

sutartis

mkataba

mokestis

kodi

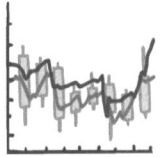

akcijos

bidhaa

dirbti

kazi

darbuotojas

mfanyakazi

darbdavys

mwajiri

gamykla

kiwanda

parduotuvė

duka

# profesijos
# kazi

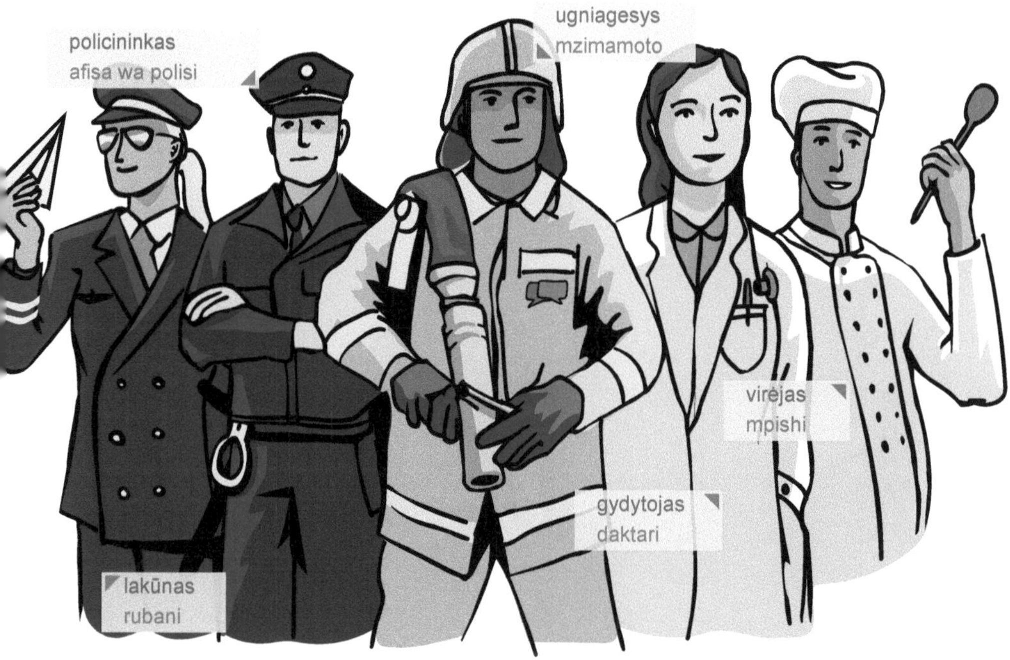
ugniagesys
mzimamoto
policininkas
afisa wa polisi
virėjas
mpishi
gydytojas
daktari
lakūnas
rubani

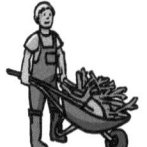

sodininkas

mtunza bustani

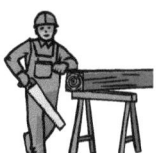

stalius

seremala

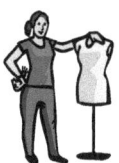

siuvėja

mshonaji

teisėjas

hakimu

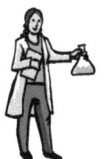

chemikas

mwanakemia

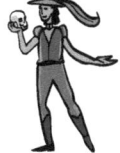

aktorius

muigizaji

autobuso vairuotojas

dereva wa basi

taksi vairuotojas

dereva wa teksi

žvejys

mvuvi

valytoja

mwanamke wa kusafisha

stogdengys

mwezekaji

padavėjas

mhudumu

medžiotojas

mwindaji

dailininkas

mchoraji

kepėjas

mwokaji

elektrikas

umeme

statybininkas

mjenzi

inžinierius

mhandisi

mėsininkas

mchinjaji

santechnikas

fundi bomba

paštininkas

mwanaposta

kareivis

mwanajeshi

architektas

msanifu majengo

kasininkas

keshia

gėlininkas

muuza maua

kirpėjas

msusi

konduktorius

kondakta

mechanikas

mekanika

kapitonas

nahodha

odontologas

daktari wa meno

mokslininkas

mwanasayansi

rabinas

rabbi

imamas

imamu

vienuolis

mtawa

kunigas

kasisi

# įrankiai

## zana

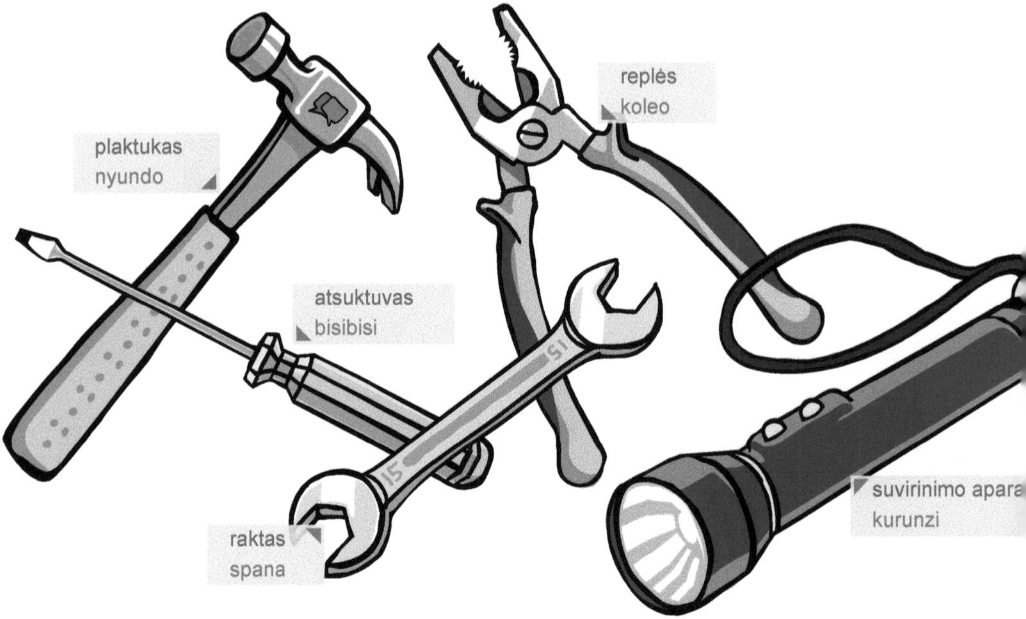
plaktukas
nyundo
atsuktuvas
bisibisi
replės
koleo
raktas
spana
suvirinimo apara
kurunzi

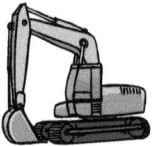

ekskavatorius

mchimbaji

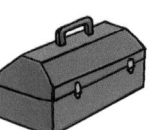

įrankių dėžė

sanduku la vifaa

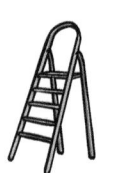

kopėčios

ngazi

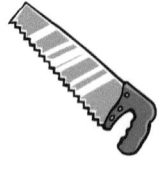

pjūklas

msumeno

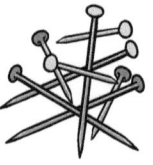

vinys

misumari

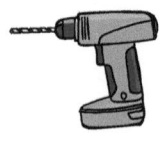

grąžtas

kuchimba visima

taisyti

kukarabati

kastuvas

sepetu

Velniava!

Lo!

semtuvėlis

kishikio cha uchafu

dažų skardinė

chungu cha rangi

varžtai

skurubu

## muzikos instrumentai
## ala za muziki

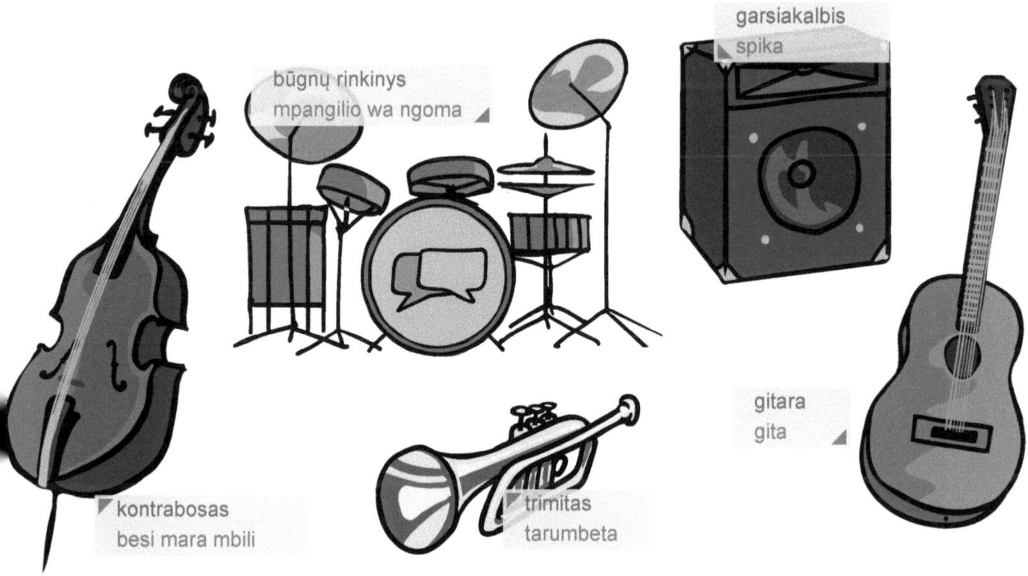

garsiakalbis
spika

būgnų rinkinys
mpangilio wa ngoma

gitara
gita

kontrabosas
besi mara mbili

trimitas
tarumbeta

**pianinas**
piano

**smuikas**
fidla

**bosinė gitara**
ubeji

**timpanas**
timpani

**būgnai**
ngoma

**sintezatorius**
kibodi

**saksofonas**
saksafoni

**fleita**
filimbi

**mikrofonas**
maikrofoni

# zoologijos sodas
# bustani ya wanyama

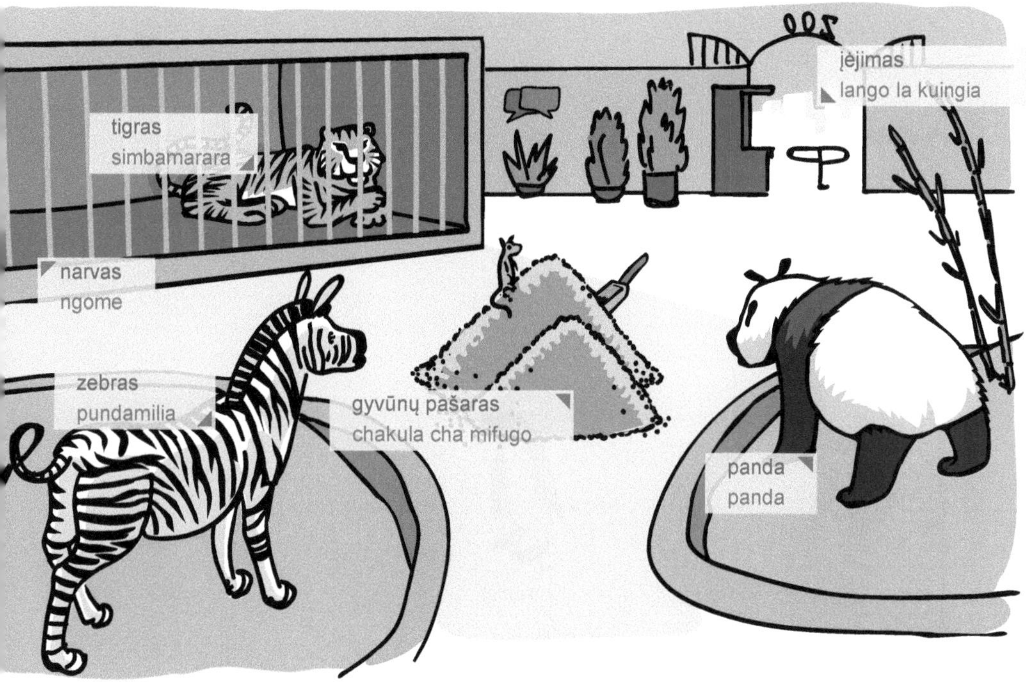

tigras
simbamarara
įėjimas
lango la kuingia
narvas
ngome
zebras
pundamilia
gyvūnų pašaras
chakula cha mifugo
panda
panda


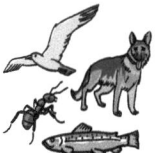

gyvūnai

wanyama

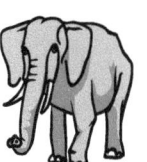

dramblys

tembo

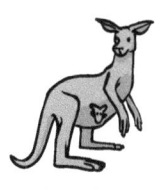

kengūra

kangaruu

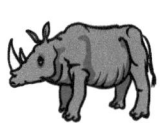

raganosis

kifaru

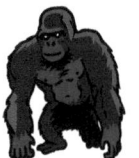

gorila

sokwe

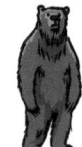

meška

dubu

kupranugaris

ngamia

strutis

mbuni

liūtas

simba

beždžionė

tumbili

flamingas

heroe

papūga

kasuku

baltoji meška

dubu

pingvinas

penguini

ryklys

papa

povas

tausi

gyvatė

nyoka

krokodilas

mamba

zoologijos sodo prižiūrėtojas

mtunza wanyama

ruonis

muhuri

jaguaras

jaguar

ponis

mwanafarasi

leopardas

chui

begemotas

kiboko

žirafa

twiga

erelis

tai

šernas

nguruwe mwitu

žuvis

samaki

vėžlys

kobe

vėplys

sili

lapė

mbweha

gazelė

paa

amerikietiškas futbolas
soka ya marekani

dviračių sportas
uendeshaji baiskeli

tenisas
tenisi

krepšinis
mpira wa kikapu

plaukimas
kuogelea

ledo ritulys
magongo ya barafuni

boksas
ndondi

futbolas
soka

badmintonas
vinyoya

atletika
riadha

rankinis
mpira wa mikono

slidinėjimas
skii

polas
polo

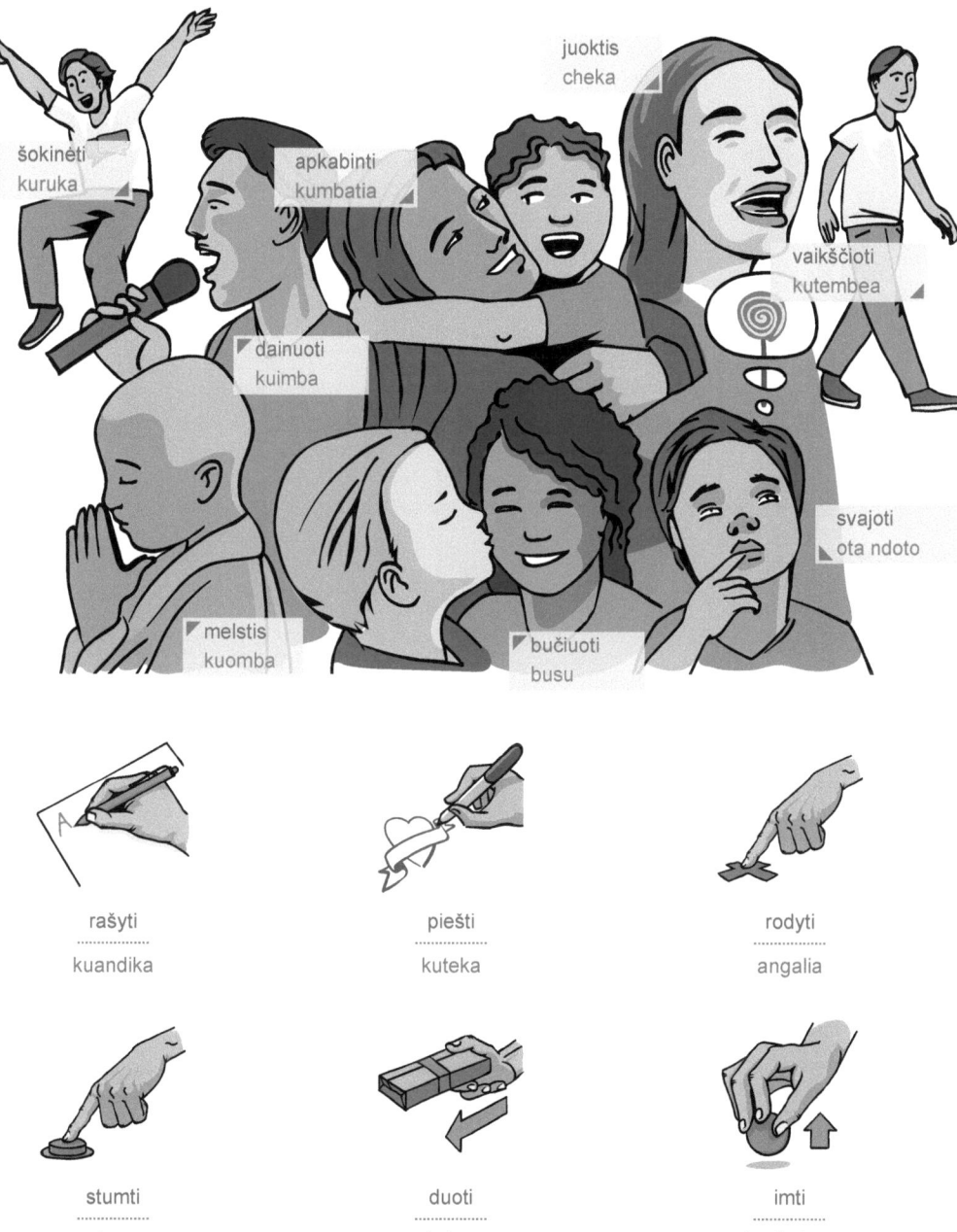

juoktis
cheka

šokinėti
kuruka

apkabinti
kumbatia

vaikščioti
kutembea

dainuoti
kuimba

svajoti
ota ndoto

melstis
kuomba

bučiuoti
busu

rašyti
kuandika

piešti
kuteka

rodyti
angalia

stumti
sukuma

duoti
kutoa

imti
kuchukua

turėti

kuwa

daryti

fanya

būti

kuwa

stovėti

kusimama

bėgti

kukimbia

traukti

vuta

mesti

kutupa

kristi

kuanguka

meluoti

hadaa

laukti

kusubiri

nešti

kubeba

sėdėti

kukaa

rengtis

vaa nguo

miegoti

usingizi

pabusti

kuamka

žiūrėti

kuangalia

verkti

lia

glostyti

kiharusi

šukuoti

chana nywele

kalbėti

ongea

suprasti

kuelewa

paklausti

kuuliza

klausytis

kusikiliza

gerti

kunywa

valgyti

kula

tvarkytis

nadhifisha

mylėti

upendo

gaminti

mpishi

vairuoti

gari

skristi

kuruka

buriuoti

meli

skaičiuoti

kokotoa

skaityti

kusoma

mokytis

kujifunza

dirbti

kazi

vesti

kuoa

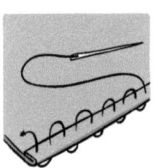

siūti

kushona

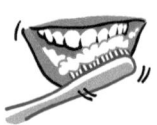

valytis dantis

piga mswaki

žudyti

kuua

rūkyti

moshi

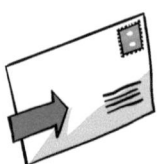

siųsti

kutuma

# šeima
# familia

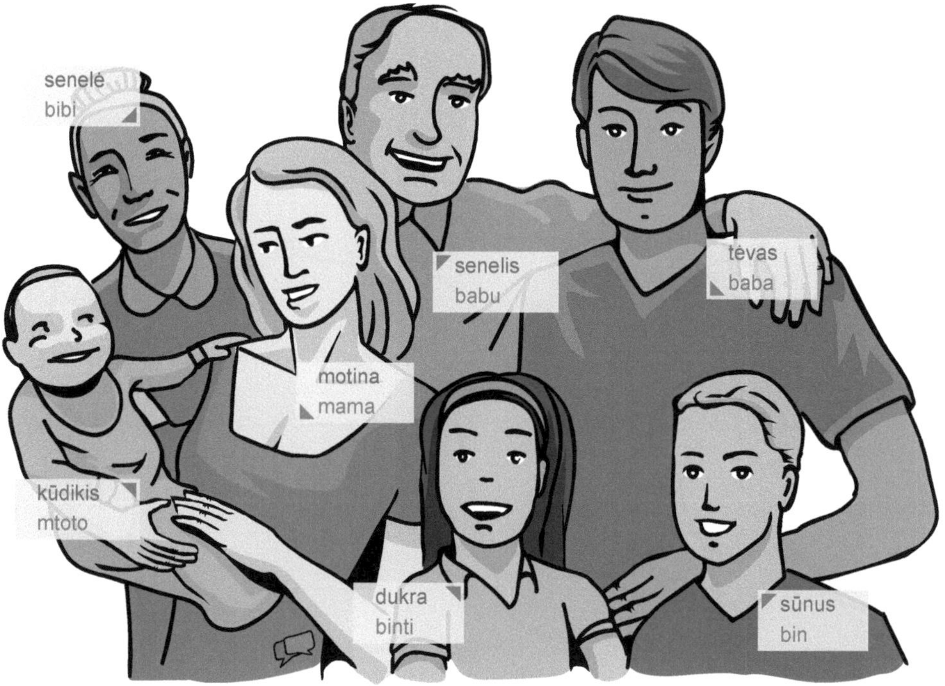
senelė
bibi
senelis
babu
tėvas
baba
motina
mama
kūdikis
mtoto
dukra
binti
sūnus
bin

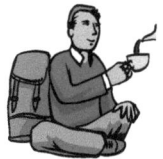

svečias

mgeni

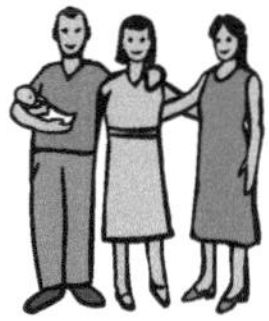

teta

shangazi

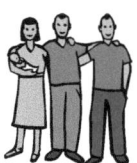

dėdė

mjomba

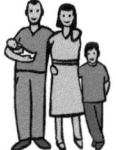

brolis

kaka

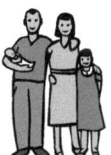

sesuo

dada

# kūnas

# mwili

kakta
paji la uso
akis
jicho
petys
bega
pirštas
kidole
veidas
uso
smakras
kidevu
plaštaka
mkono
koja
mguu
krūtinė
matiti
ranka
mkono


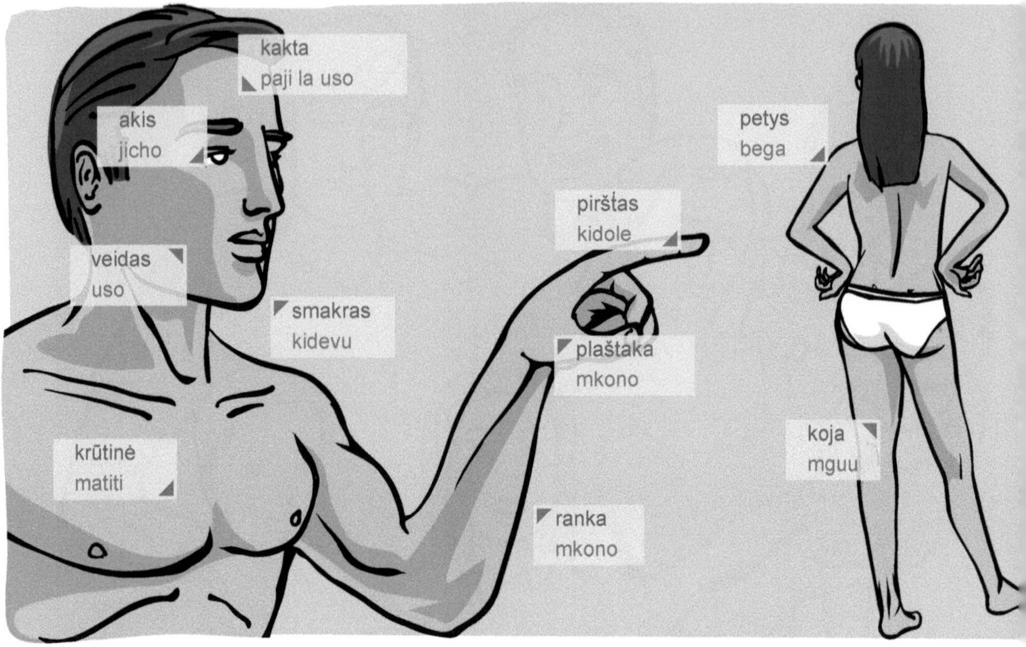

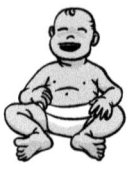

kūdikis

mtoto

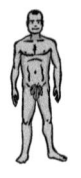

vyras

mwanamume

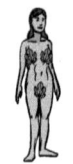

moteris

mwanamke

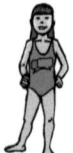

mergaitė

msichana

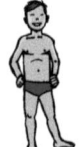

berniukas

mvulana

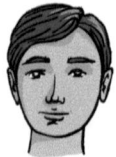

galva

kichwa

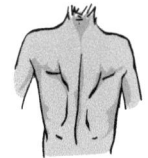

nugara

nyuma

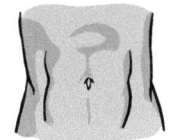

pilvas

tumbo

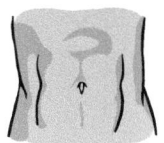

bamba

kitovu

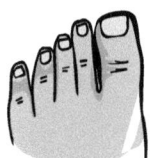

kojos pirštas

chano

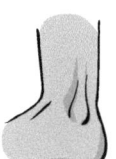

kulnas

kisigino

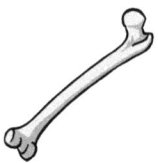

kaulas

mfupa

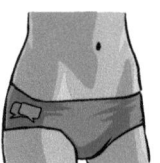

klubas

nyonga

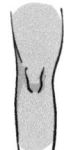

kelis

goti

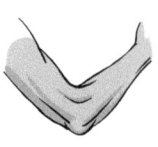

alkūnė

kiwiko

nosis

pua

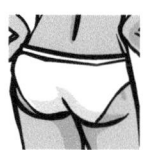

sėdmenys

chini

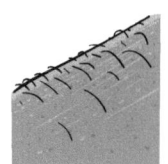

oda

ngozi

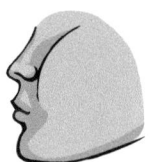

skruostas

shavu

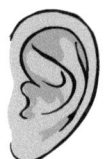

ausis

sikio

lūpa

mdomo

burna

kinywa

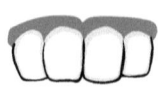

dantis

jino

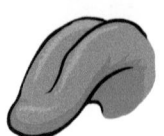

liežuvis

ulimi

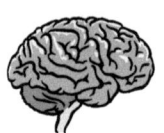

smegenys

ubongo

širdis

moyo

raumuo

misuli

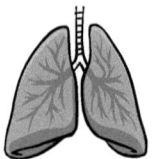

plaučiai

pafu

kepenys

ini

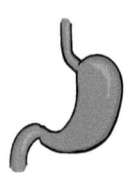

skrandis

tumbo

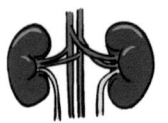

inkstai

figo

seksas

jinsia

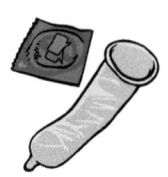

prezervatyvas

kondomu

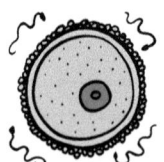

kiaušialąstė

ovari

sperma

shahawa

nėštumas

mimba

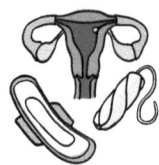

menstruacijos
hedhi

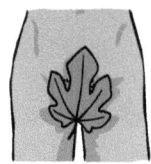

makštis
uke

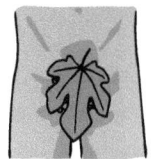

varpa
uume

antakis
unyusi

plaukai
nywele

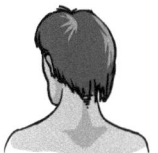

kaklas
shingo

# ligoninė
# hospitali

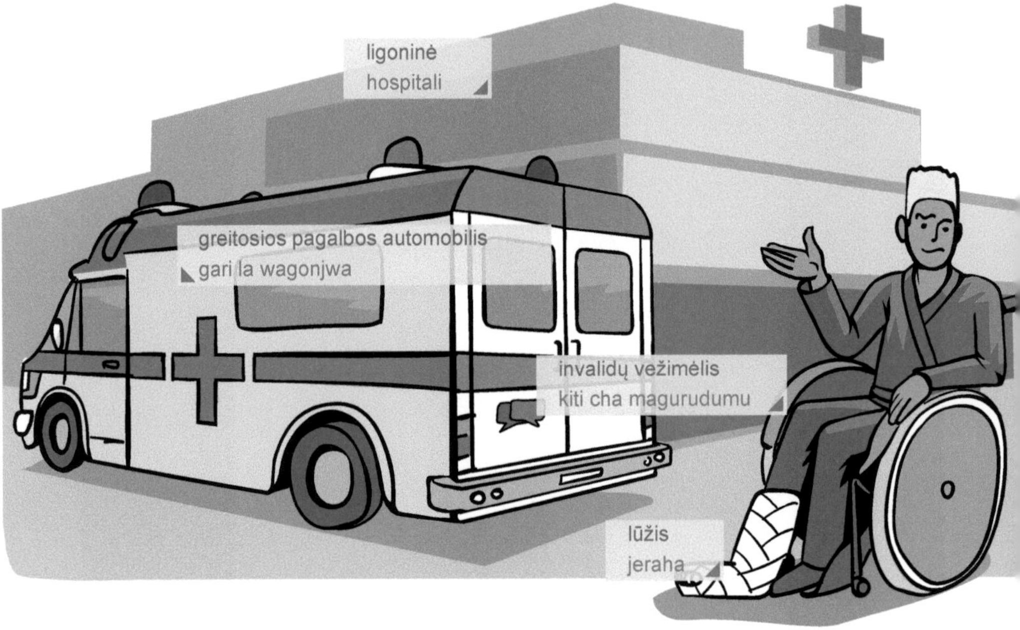

ligoninė
hospitali
greitosios pagalbos automobilis
gari la wagonjwa
invalidų vežimėlis
kiti cha magurudumu
lūžis
jeraha


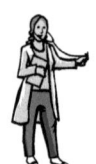

gydytojas
daktari

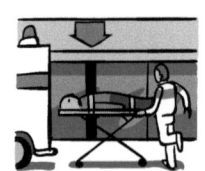

skubios pagalbos skyrius
chumba cha dharura

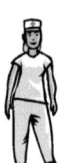

slaugytoja
muuguzi

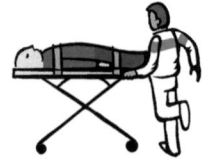

nelaimingas atsitikimas
dharura

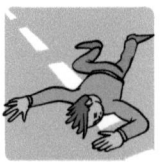

be sąmonės
kupoteza fahamu

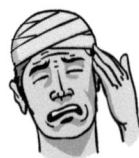

skausmas
maumivu

sužalojimas

kuumia

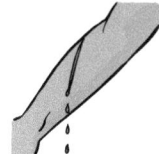

kraujavimas

kutokwa na damu

širdies smūgis

mshtuko wa moyo

insultas

kiharusi

alergija

mzio

kosulys

kikohozi

karščiavimas

homa

gripas

mafua

viduriavimas

kuharisha

galvos skausmas

maumivu ya kichwa

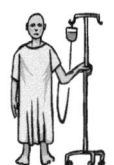

vėžys

kansa

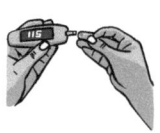

diabetas

ugonjwa wa kisukari

chirurgas

daktari mpasuaji

skalpelis

kisu kidogo cha kupasulia

operacija

operesheni

**KT**

picha changanufu ya mwili

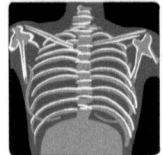

**rentgenas**

Eksrei

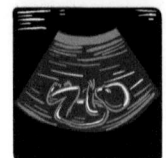

**ultragarsas**

mawimbi sauti

**veido kaukė**

barakoa ya uso

**liga**

ugonjwa

**laukiamasis**

chumba cha kusubiri

**ramentas**

mkongojo

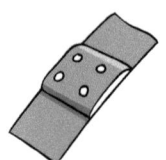

**gipsas**

plasta

**tvarstis**

bendeji

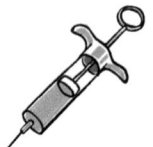

**injekcija**

sindano

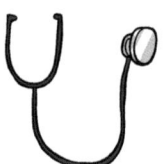

**stetoskopas**

stetoskopu

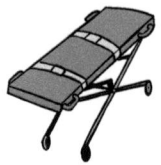

**neštuvai**

machela

**termometras**

kipimajoto cha kliniki

**gimimas**

kuzaliwa

**antsvoris**

unene kupita kiasi

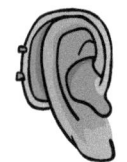

klausos aparatas

kusikia misaada

dezinfekavimo priemonė

kipukusi

infekcija

maambukizi

virusas

virusi

ŽIV / AIDS

VVU / UKIMWI

vaistas

dawa

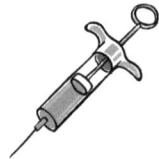

skiepijimas

chanjo

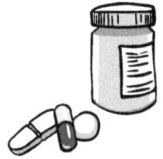

tabletės

vidonge

piliulė

kidonge

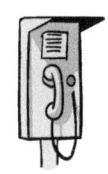

skubios pagalbos numeris

simu ya dharura

kraujospūdžio matuoklis

haemodainamometa

ligotas / sveikas

mgonjwa / mwenye afya

Padėkite!

Msaada!

pavojaus signalas

kengele

užpuolimas

pigo

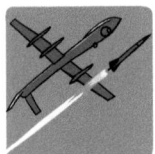

ataka

shambulizi

pavojus

hatari

avarinis išėjimas

lango la dharura

Gaisras!

Moto!

gesintuvas

kizima moto

nelaimingas atsitikimas

ajali

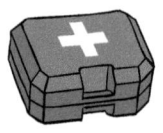

pirmosios pagalbos rinkinys

vifaa vya huduma ya kwanza

SOS

wito wa msaada

policija

polisi

Europa

Ulaya

Šiaurės Amerika

Amerika ya Kaskazini

Pietų Amerika

Amerika ya Kusini

Afrika

Afrika

Azija

Asia

Australija

Australia

Atlanto vandenynas

Atlantiki

Ramusis vandenynas

Pasifiki

Indijos vandenynas

Bahari ya Hindi

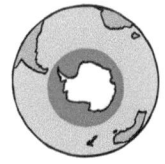

Pietų vandenynas

Bahari ya Antaktiki

Arkties vandenynas

Bahari ya Aktiki

Šiaurės ašigalis

Ncha ya Kaskazini

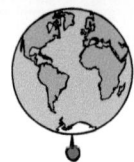

Pietų ašigalis

Ncha ya Kusini

Antarktida

Antaktika

Žemė

dunia

sausuma

nchi

jūra

bahari

sala

kisiwa

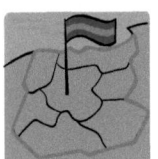

tauta

taifa

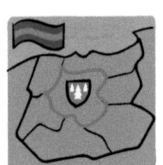

valstybė

jimbo

ciferblatas

uso wa saa

valandinė rodyklė

akrabu ya saa

minutinė rodyklė

akrabu ya dakika

sekundinė rodyklė

akrabu ya sekunde

Kiek valandų?

Ni saa ngapi?

diena

siku

laikas

wakati

dabar

sasa

skaitmeninis laikrodis

saa ya dijitali

minutė

dakika

valanda

saa

# savaitė
## wiki

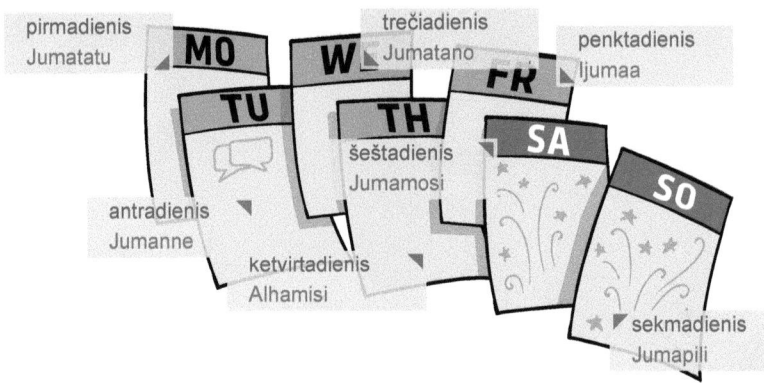

pirmadienis
Jumatatu

**MO**

**W** trečiadienis
Jumatano

penktadienis
Ijumaa

**TU**

**TH**

**FR**

**SA**

**SO**

šeštadienis
Jumamosi

antradienis
Jumanne

ketvirtadienis
Alhamisi

sekmadienis
Jumapili

vakar

jana

šiandien

leo

rytoj

kesho

rytas

asubuhi

vidurdienis

saa sita mchana

vakaras

jioni

| MO | TU | WE | TH | FR | SA | SU |
|----|----|----|----|----|----|----|
| 1  | 2  | 3  | 4  | 5  | 6  | 7  |
| 8  | 9  | 10 | 11 | 12 | 13 | 14 |
| 15 | 16 | 17 | 18 | 19 | 20 | 21 |
| 22 | 23 | 24 | 25 | 26 | 27 | 28 |
| 29 | 30 | 31 | 1  | 2  | 3  | 4  |

darbo dienos

siku za biashara

| MO | TU | WE | TH | FR | SA | SU |
|----|----|----|----|----|----|----|
| 1  | 2  | 3  | 4  | 5  | 6  | 7  |
| 8  | 9  | 10 | 11 | 12 | 13 | 14 |
| 15 | 16 | 17 | 18 | 19 | 20 | 21 |
| 22 | 23 | 24 | 25 | 26 | 27 | 28 |
| 29 | 30 | 31 | 1  | 2  | 3  | 4  |

savaitgalis

mwishoni mwa wiki

lietus
mvua

vaivorykštė
upinde wa mvua

sniegas
theluji

vėjas
upepo

pavasaris
majira ya machipuko

ruduo
vuli

vasara
kiangazi

žiema
majira ya baridi

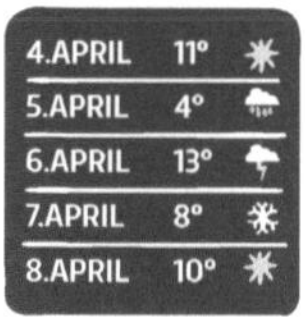

| | | |
|---|---|---|
| 4.APRIL | 11° | ☀ |
| 5.APRIL | 4° | 🌧 |
| 6.APRIL | 13° | 🌧 |
| 7.APRIL | 8° | ☀ |
| 8.APRIL | 10° | ☀ |

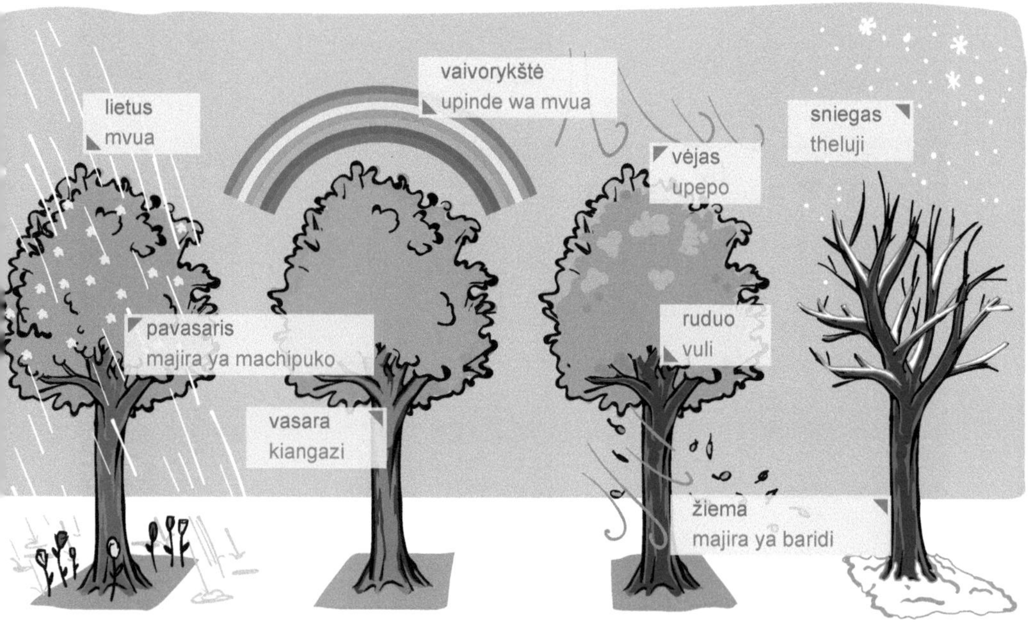

orų prognozė
..............
utabiri wa hali ya hewa

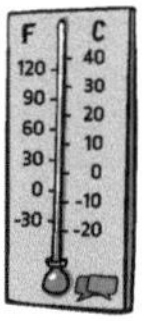

lauko termometras
..............
kipimajoto

saulės šviesa
..............
mwanga wa jua

debesis
..............
wingu

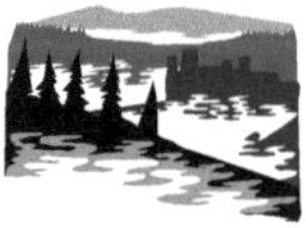

rūkas
..............
ukungu

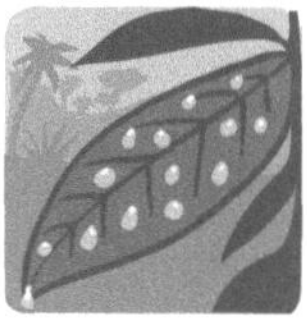

drėgmė
..............
unyevu

žaibas

umeme

griaustinis

radi

audra

dhoruba

kruša

mvua ya mawe

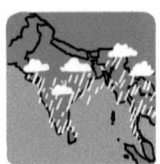

musonas

monsuni

potvynis

mafuriko

ledas

barafu

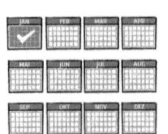

sausis

Januari

vasaris

Februari

kovas

Machi

balandis

Aprili

gegužė

Mei

birželis

Juni

liepa

Julai

rugpjūtis

Agosti

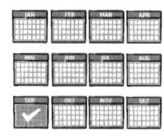

rugsėjis

Septemba

spalis

Oktoba

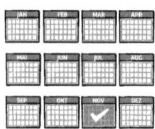

lapkritis

Novemba

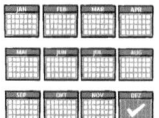

gruodis

Desemba

apskritimas

mduara

kvadratas

mraba

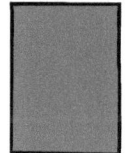

stačiakampis

mstatili

trikampis

pembetatu

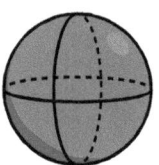

sfera

nyanja

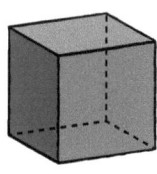

kubas

mchemraba

balta

nyeupe

geltona

manjano

oranžinė

chungwa

rožinė

rangi ya waridi

raudona

nyekundu

violetinė

hudhurungi

mėlyna

bluu

žalia

kijani

ruda

hanja

pilka

jivujivu

juoda

nyeusi

daug / mažai

mengi / kidogo

piktas / ramus

hasira / pole

gražus / bjaurus

nzuri / mbaya

pradžia / pabaiga

mwanzo / mwisho

didelis / mažas

kubwa / ndogo

šviesus / tamsus

angavu / giza

brolis / sesuo

kaka / dada

švarus / purvinas

safi / chafu

užbaigtas / neužbaigtas

kamilika / tokamilika

diena / naktis

siku / usiku

miręs / gyvas

wafu / hai

platus / siauras

pana / nyembamba

valgomas / nevalgomas

kulika / kutolika

piktas / malonus

ovu / ema

linksmas / nuobodus

sisimkwa / udhika

storas / plonas

nene / nyembamba

pirmiausia / paskiausia

kwanza / mwisho

draugas / priešas

rafiki / adui

pilnas / tuščias

jaa / tupu

kietas / minkštas

ngumu / laini

sunkus / lengvas

nzito / nyepesi

alkis / troškulys

njaa / kiu

ligotas / sveikas

mgonjwa / mwenye afya

nelegalus / legalus

haramu / kisheria

protingas / kvailas

akili / kijinga

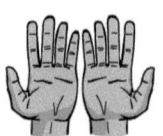

kairė / dešinė

kushoto / kulia

arti / toli

karibu / mbali

naujas / naudotas

mpya / kutumika

niekas / kažkas

kitu / jambo

senas / jaunas

zee / changa

jjungta / išjungta

waka / zima

atidaryta / uždaryta

wazi / fungwa

tylus / garsus

utulivu / kelele

turtingas / vargšas

tajiri / masikini

teisus / neteisus

sahihi / kosa

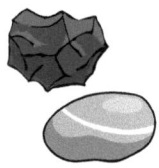

šiurkštus / švelnus

mbaya / laini

liūdnas / laimingas

huzunika / furahia

trumpas / ilgas

fupi /ndefu

lėtas / greitas

polepole / haraka

drėgnas / sausas

nyevu / kavu

šiltas / šaltas

joto / baridi

karas / taika

vita / amani

**0**

nulis

sufuri

**1**

vienas

moja

**2**

du

mbili

**3**

trys

tatu

**4**

keturi

nne

**5**

penki

tano

**6**

šeši

sita

**7**

septyni

saba

**8**

aštuoni

nane

**9**

devyni

tisa

**10**

dešimt

kumi

**11**

vienuolika

kumi na moja

**12**

dvylika

kumi na mbili

**13**

trylika

kumi na tatu

**14**

keturiolika

kumi na nne

**15**

penkiolika

kumi na tano

**16**

šešiolika

kumi na sita

**17**

septyniolika

kumi na saba

**18**

aštuoniolika

kumi na nane

**19**

devyniolika

kumi na tisa

**20**

dvidešimt

ishirini

**100**

šimtas

mia

**1.000**

tūkstantis

elfu

**1.000.000**

milijonas

milioni

anglų

Kiingereza

amerikiečių anglų

Kiingereza cha Marekani

kinų (mandarinų)

Kimandarini cha Uchina

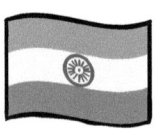

hindi

Kihindi

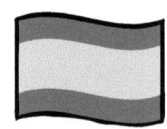

ispanų

Kihispania

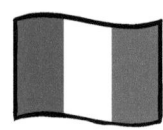

prancūzų

Kifaransa

arabų

Kiarabu

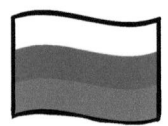

rusų

Kirusi

portugalų

Kireno

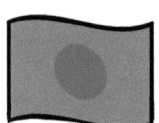

bengalų

Kibengali

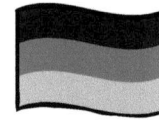

vokiečių

Kijerumani

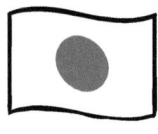

japonų

Kijapani

aš

mimi

tu

wewe

jis / ji

yeye / yeye / ni

mes

sisi

jūs

wewe

jie

wao

kas?

nani?

ką?

nini?

kaip?

jinsi gani?

kur?

wapi?

kada?

lini?

vardas

jina

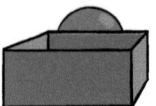

už
........
nyuma

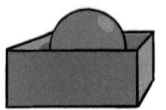

kur (vieta)
........
katika

priešais
........
mbele ya

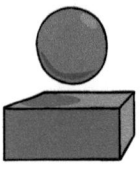

virš
........
juu ya

ant
........
kwenye

po
........
chini ya

prie
........
kando

tarp
........
kati

vieta
........
mahali